MAKESI ZHUYI ZAI
ZHONGGUO DE CHUANBO YU
SHIJIAN(1919–1938)
——YI HAINAN WEILI

马克思主义在中国的传播与实践 *(1919—1938)*
——以海南为例

梁 科 ———— 著

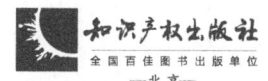

全国百佳图书出版单位
—北 京—

图书在版编目（CIP）数据

马克思主义在中国的传播与实践：1919—1938：以海南为例/梁科著. —北京：知识产权出版社，2021.8
 ISBN 978-7-5130-6971-7

Ⅰ.①马⋯ Ⅱ.①梁⋯ Ⅲ.①马克思主义—传播—研究—海南—1919-1938 Ⅳ.①D61

中国版本图书馆CIP数据核字（2020）第094654号

内容提要

本书在厘清马克思主义传播及传入与广义、狭义马克思主义概念的相关基础上，第一章分析了马克思主义在海南传播与实践的背景——民国时期琼崖的政治、经济、文化情况，分析其接受马克思主义的可能性和必然性。第二章分析了五四运动之后马克思主义在琼崖传播的情况，第二章第一节分析马克思主义在海南传播的历史进程，分别是五四运动与大革命时期之前的初步传播、大革命时期的集中传播、琼崖地方党组织建立之后的有组织传播；第二章第二节分析马克思主义在海南传播的内容，特别分析了在传播过程中的革命与改良的论战，评价了马克思主义在海南传播的进步意义和历史局限性。第三章分析国共合作破裂之后中国共产党打出自己的旗帜，在土地革命时期的马克思主义实践，包括武装夺取政权、根据地局部执政、土地革命与根据地建设。

责任编辑：兰 涛	责任校对：谷 洋
封面设计：郑 重	责任印制：孙婷婷

马克思主义在中国的传播与实践（1919—1938）——以海南为例
梁 科 著

出版发行：知识产权出版社有限责任公司	网　址：http://www.ipph.cn
社　址：北京市海淀区气象路50号院	邮　编：100081
责编电话：010-82000860转8325	责编邮箱：lantao@cnipr.com
发行电话：010-82000860转8101/8102	发行传真：010-82000893/82005070/82000270
印　刷：北京建宏印刷有限公司	经　销：各大网上书店、新华书店及相关专业书店
开　本：787mm×1092mm　1/16	印　张：13.75
版　次：2021年8月第1版	印　次：2021年8月第1次印刷
字　数：161千字	定　价：58.00元
ISBN 978-7-5130-6971-7	

出版权专有　侵权必究
如有印装质量问题，本社负责调换。

目 录

绪 论 ·· 1
  一、选题的意义与缘起 ·· 1
  二、研究的相关文献综述 ·· 3
  三、课题的内容和意义 ··· 13
  四、研究的创新之处 ·· 16

第1章　马克思主义在海南传播与实践的背景 ················ 18
  1.1　军阀混战乱局下的琼崖 ····································· 19
    1.1.1　帝国主义的经济掠夺与文化侵略 ·················· 21
    1.1.2　军阀的苛政与盘剥 ····································· 26
    1.1.3　封建地主的残酷剥削 ·································· 28
  1.2　琼崖现代知识分子的诞生 ··································· 29
    1.2.1　五四运动的思想觉醒 ·································· 30
    1.2.2　出岛求学的现实成长 ·································· 31
    1.2.3　外部输入的知识分子 ·································· 33
    1.2.4　华侨社会与琼崖早期知识分子的产生 ············ 34

第2章 马克思主义在海南的传播 ……………………………… 37
2.1 马克思主义在海南传播的基本进程 ……………………… 39
2.1.1 五四运动与马克思主义在海南的初步传播（1919—1924） ………………………………………… 39
2.1.2 大革命时期马克思主义在海南的集中传播（1924—1926） ………………………………………… 47
2.1.3 中共琼崖地委成立之后的有组织传播（1926—1938） ………………………………………… 54
2.2 《新琼崖评论》与马克思主义在海南的传播 ……………… 61
2.2.1 《新琼崖评论》的基本情况 ……………………………… 62
2.2.2 《新琼崖评论》的文本分析 ……………………………… 64
2.2.3 马克思主义在海南传播中的论战——品学与政治之争 ………………………………………… 93

第3章 土地革命时期马克思主义在海南的实践 ……………… 102
3.1 枪杆子里出政权——琼崖革命的武装斗争 ……………… 102
3.1.1 琼崖武装斗争的难点与优势 …………………………… 104
3.1.2 琼崖武装斗争的基本进程 ……………………………… 114
3.1.3 琼崖武装斗争的整体脉络 ……………………………… 132
3.2 耕者有其田——琼崖革命的土地革命 …………………… 135
3.2.1 琼崖土地的占有与分布状况 …………………………… 137
3.2.2 琼崖土地革命的若干创举 ……………………………… 143
3.2.3 琼崖土地革命的评价 …………………………………… 158

3.3 局部执政的实践——琼崖革命根据地建设 …………………… 170
　　3.3.1 琼崖革命根据地党的建设 ………………………………… 175
　　3.3.2 琼崖革命根据地的政权建设 ……………………………… 187
　　3.3.3 琼崖革命根据地的经济建设 ……………………………… 199

参考文献 …………………………………………………………………… 210

绪　论

一、选题的意义与缘起

海南岛作为中国第二大岛，民国时期受限于交通不便，经济文化十分落后，人民生活在军阀的残酷压迫之中。1919年五四运动之后马克思主义开始在琼崖传播，使琼崖人民找到了解放自身的理论武器。琼崖人民在马克思主义传播过程中，先后进行反抗军阀的斗争、建立中共琼崖地方党支部、武装斗争夺取政权、根据地局部执政、土地革命、妇女解放等运动。关于海南红色革命，最精练的概括应该是聂荣臻元帅的题词："孤岛作战，艰苦卓绝，二十三年，红旗不倒。"海南革命最大的意义是琼崖地方党组织长期坚持武装斗争，在解放海南的过程中，接应大军，成功解放海南岛，维护了中国的统一和领土完整。在解放海南岛的过程中，琼崖纵队发挥了重要作用，如果没有琼崖纵队的接应，大军渡海作战抢滩登陆势必要付出重大伤亡，甚至有可能失败。海南岛解放，中国的生命线——南海就顺势回归。从维护中国领土完整角度看海南革命，应当凸显其重要性。因此，海南革命不应该像一些人所认识的那样只是中国革命的支流，是无足轻重的而被忽视，应当进行深入研究。

没有革命的理论，就没有革命的行动。海南革命，应该以马克思主义在海南的传播为源头。马克思主义在海南传播的一个重要难点是琼崖落后的经济文化条件。一种社会思潮的传播，有赖于传播主体、传播条件、传播受众等基本条件。民国时期的琼崖，高等教育一片空白，琼崖知识青年作为马克思主义传播的主体，只有出岛学习成为现代知识分子才能接触、传播马克思主义。马克思主义在海南传播的一个特殊性是很多传播马克思主义的报纸杂志是海南人在内陆创办后通过邮寄方式到达琼崖进而产生影响的。由于工业落后，缺乏印刷设备和印刷工人，即便是琼崖知识分子回到本岛开办杂志，组稿后也要到广州印刷，由此可见马克思主义在琼崖传播的艰辛程度。受限于琼崖人民的知识文化水平，与中国其他地区相比，马克思主义在琼崖传播的内容也有很大的不同。遍览民国时期马克思主义在海南传播的刊物，一个显著的特点是极少学理式的义理探讨，更多的是社论式的宣传革命。

马克思主义在海南的实践，与中国其他地区相比，也有其特殊性。首先是空间有限，海南岛四面为海洋包围，与雷州半岛隔海相望。在一个封闭的海岛开展革命，是非常艰难的。一是筹措物资极其困难。海南岛工业落后，很多物资需要由岛外输入，物资极难获取，因此开展革命所需要的物资比如枪支弹药、通信器材都是极其匮乏的。由于通信器材的匮乏，琼崖党组织曾经两次与党中央失去联系，音信不通长达六年之久，在没有中央指示的情况下不得已独立开展斗争，是非常艰难困苦的。海岛革命的另一个难点是战略迁回空间小。海南岛南北东西不过三四百公里，这么小的空间，面对敌人的大举进攻，往往缺乏足够的战略迂回空间。琼崖党组织开展革命斗争的困难和生存压力极其巨大。而海南岛的革命，在这种艰苦的环境下能够坚持二十三年红旗不倒，实属不易。

因此，研究马克思主义在海南的传播与实践，必须紧密联系海南独特的社会经济和地域条件，分析揭示马克思主义在海南传播的艰巨性和独特性。

二、研究的相关文献综述

1. 马克思主义在中国传播的研究概况

马克思主义在中国传播的研究著作汗牛充栋。关于马克思主义中国化的历史进程，代表性的著作有杨奎松的《马克思主义中国化的历史进程》，唐宝林的《马克思主义在中国100年》，石仲泉的《马克思主义中国化的历史进程和基本经验简明读本》，程恩富等的《马克思主义与新中国六十年》，梅荣政的《马克思主义中国化史》，俞可平等的《马克思主义在中国60年》。

关于马克思主义在中国传播的专题研究有田子渝等的《马克思主义在中国初期传播史（1918—1922）》、徐素华的《马克思恩格斯著作在中国的传播：MEGA^{2}视野下的文本、文献、语义学研究》。

关于马克思主义在中国传播的博士论文选题近年来日益增多，反映出这一问题是学术热点。博士论文有耿春亮的《〈晨报副刊〉与马克思主义在中国的传播（1918—1926）》、鲁法芹的《〈东方杂志〉与社会主义思潮在中国的传播》、邱少明的《民国马克思主义经典著作翻译史（1912 至 1949 年）》、王刚的《马克思主义中国化的起源语境研究——20 世纪 30 年代之前马克思主义在中国的传播及中国化》等。

2. 马克思主义在海南传播的研究概况

海南档案馆编著的《琼崖革命先驱者文集》（内部发行）编选了杨善集、王文明、徐成章等八位琼崖革命先驱在琼崖党组织成立前发表的 53 篇传播马克思主义的文章，是马克思主义在海南传播的原始文献，具有很高的学术价值。海南档案馆馆藏的 30 期完整的《新琼崖评论》更是稀有史料，它完整呈现了 1924—1925 年马克思主义在海南传播的情况。中共海南省委党史研究室编著的《琼崖大革命史料选编》选编了大革命时期的各种史料，有琼崖早期报刊文献，《新琼崖评论》的大部分文章，民国报纸关于琼崖革命的报道，李黎明、罗文淹等人的回忆录，等等，是一部史料价值很高的文献汇编。

琼崖革命亲历者肖焕辉著的《琼崖曙光》第一章第二节专门介绍马克思主义在海南的传播，并且实事求是地指出：马克思主义在琼崖的早期传播，由于受到当时种种条件的局限，内容只能是初步的、肤浅的，有的甚至是含糊的，但是由于马克思主义是无产阶级和革命人民谋求解放的学说，甚为劳动人民所欢迎。

刘兴旺、李艳香的《论〈新琼崖评论〉的传播特色与时代价值》是以《新琼崖评论》为研究对象的专题论文，该论文对《新琼崖评论》的文本——琼崖版的《新青年》进行了详细的分析，指出其在马克思主义于海南传播中的重要地位。该论文的不足之处是其资料来源于中共海口市委党史研究室、中共琼崖一大旧址管理处编的《中共琼崖一大学术研讨会论文选》，而不是档案馆的原始复印件，因此只是针对部分文本进行分析，未能从完整30期的角度深入分析《新琼崖评论》在马克思主义在海南传播过程中的地位和作用。高海燕、张月妹的《试论洪剑雄对琼崖革命的认识》，从《新琼崖评论》主要撰稿人洪剑雄的角度分析了琼崖知识分子对马克思主义、琼崖革命道路的认识。该文从文本角度分析了洪剑雄撰写的33篇文章，主要涉及琼崖革命与中国革命的关系，琼崖革命的主力军是工农群众，琼崖革命必须坚决反对帝国主义，琼崖革命必须打倒反动军阀四个方面。不足之处是该文的文本是依据中共海南省委党史研究室编的《琼崖大革命史料选编》，仍然不是原始的档案文件。王朝赞、符世贤的《马克思主义在海南的早期传播》是研究马克思主义在海南传播的开山之作，该文分析了马克思主义在海南传播的基本情况，如传播报刊、传播先锋和传播模式等，还介绍了马克思主义在海南传播的基本内容。特别介绍了马克思主义在海南传播中的改良主义与马克思主义的论战——杨善集与陈骏业的《品学与政治》之争。苏盾的《大革命时期马克思主义在海南大众化的路径》从马克思主义大众化的角度介绍了马克思主义在海南的传播，该文介绍了马克思主义在海南大众化传播的几种模式，如报纸、杂志、书籍传播，党员干部的公众演讲，党组织组织的各种类型的实践活动，如爱国学生运动等，最后分析了教育是马克思主义大众化传播的主要途径。陈诚的《浅析五四运动对海南近代社会产生的重大影响》从马克思主义在海南传播的源头——五四运动角度分析五四运动对马克思主义在海南传播的影响，分析了马克思主义在海南早期传播的内容及其影响。王默忠的《琼崖群众革命探源》从琼崖革命的历史背景角度分析了马克思主义在海南传播的原因,该文用翔实的数据分析了民国时期海南的人口结构、经济状况、政治环境与民生等,从历史背景角度分析了马克思主义作为无产阶级争取自身解放的武器在海南传播时广受欢迎的原因。邢谷宜的《琼崖早期革命报刊》从传播重要媒介报刊的角度介绍了马克思主义通过报刊在海南传播的情况,还介绍了一些海南籍在内陆求学的知识分子创办的宣传马克思主义的出版物。刘军花的硕士论文《琼崖早期革命知识分子群体研究》从马克思主义在海南传播的中坚力量——早期革命知识分子的角度介绍了这群知识分子寻求革命真理,学习、宣传介绍马克思主义的心路历程。

3. 马克思主义在海南的实践研究概况

(1) 领袖人物与马克思主义在海南的实践

唐卓昌的《略论王文明对琼崖革命的历史贡献》论述了琼崖革命早期领导人王文明在大革命失败的关键时期,组织武装反抗国民党反动派,探索农村包围城市的道路,建立母瑞山革命根据地,支持冯白驹主持琼崖特委工作,在奠定冯白驹为海南党组织核心的过程中发挥的重要作用。陈锦爱的《浅谈王文明与琼崖革命》指出了王文明的历史贡献:参与创建中共琼崖地委;是琼崖党组织早期的主要领导者;是琼崖武装总暴动的主要发动者和琼崖革命军队的主要创建者之一。郭兰霞的《试论杨善集与琼崖革命》论述了杨善集对琼崖革命的三大贡献:宣传马列主义,为中共琼崖革命做思想准备;成立革命团体,培养青年干部,为琼崖革命做组织准备;肩负使命,再次返琼,为琼崖革命做现场指导。王杰、左双文的《杨善集与大革命时期的琼崖革命运动》介绍了杨善集在宣传马克思主义、推动青年运动、创建琼崖党组织等方面所作的贡献。

冯白驹是琼崖革命的一面旗帜,自土地革命时期开始,就长期担任琼崖党组织的领导核心。因此,关于冯白驹同志的研究成果最为丰富。冯白驹于1951年撰写了《中国共产党的光辉照耀在海南岛上》一书,以马克思主义的立场回顾了琼崖党组织领导琼崖人民进行的革命斗争,是领导人撰写的第一手资料。关于冯白驹的著作有《南天一柱》《深切的怀念》《冯白驹传》《冯白驹将军传》《冯白驹精神永存》《冯白驹研究史料》等。

杨帅的硕士论文《冯白驹对马克思主义中国化的实践探索与历史启示》侧重从海南革命的一面旗帜——冯白驹入手,研究重要历史人物在马克思主义在海南实践中的作用。邢诒孔的《毛泽东与琼崖革命》从领袖角度分析毛泽东对琼崖革命的影响与指导,指出毛泽东的井冈山实践为琼崖革命确定走"以农村包围城市"武装夺取政权的道路指明了方向;毛泽东对确立冯白驹为琼崖党领导集体的核心也作出了贡献;特别在重大问题关键时刻为琼崖革命指明航向。程昭星的《周恩来与琼崖革命斗争》指出周恩来在土地革命、抗日战争和解放战争各个历史时期中的关键时刻,都对琼崖革命给予了具体而有力的指导和各方面必要的帮助;在其负责中共南方局工作时,更是如此。

(2)土地革命

《琼崖革命根据地财政经济史》一书第一章专门论述琼崖苏区的土地革命,全面分析了琼崖农村各阶级土地占有状况和严重的封建剥削,具体介绍了琼崖第一次土地革命高潮和第二次土地革命高潮。中共海南省委党史研究室和海南省中共党史学会编的《琼崖革命研究论文选》一书关于土地改革的论文也不少,陈志平、吴淑华的《琼崖革命根据地土地革命初探》分析了琼崖土地革命的背景、琼崖第一次土地革命高潮中的土地分配政策、琼崖第二次土地革命高潮中的土地分配政策、土地革命的步骤、琼崖土地分配政策的创举与历史意义等。王礼琦、邢益森、武力合著的《琼崖革命根据地的经济斗争》一书关于土地革命有专门的论述,分析了琼崖土地革命的历史、开展及其特点。

江小华的《论琼崖革命根据地在土地革命中的创举》一文分析了海南地方党组织在土地革命中的创举,通过分析比较提出琼崖党组织发扬实事求是的精神,充分考虑琼崖本地实际情况,在土改中较好照顾了各个阶层的利益,提出了"以原耕为基础,抽多补少、抽肥补瘦的平分原则"。最早规定给地主家属分配土地、给以生活出路诸多创举。这表明,中国共产党在海南的土地改革实践并未因其地处中国南海、信息闭塞而落后于全国,由于中国共产党琼崖党组织求真务实的精神,若干做法还属于领风气之先的创举。王明前的《琼崖革命根据地的苏维埃和土地革命》从根据地建设和土地革命两个角度考察马克思主义在海南的实践。他指出琼崖苏区的苏维埃政权建设,克服了党包办苏维埃事务的错误倾向,树立苏维埃的独立权威。琼崖苏区的土地革命,在坚持平分土地原则的基础上,根据琼崖的地方社会特点,在诸多细节上具有一定的特色,并坚决贯彻革命的经济路线,开展反富农斗争。陈永阶的《试论琼崖革命根据地早期的土地革命斗争》对琼崖土地革命的背景、武装斗争与土地革命的关系、乐会四区土地改革的具体做法、土地斗争的影响与作用做了全面的分析。

（3）武装斗争

中共海南省委党史研究室编的《琼崖大革命史料选编》和中共广东省海南行政区委员会党史办公室、海南行政区档案馆编的《琼崖土地革命战争史料选编》收集了丰富的原始史料，有琼崖地方党组织向广东省委的报告、广东省委对琼崖党组织工作指示等文献资料。琼崖纵队是琼崖革命的主要力量，琼崖武装斗争史办公室编的《琼崖纵队史》记录了琼崖纵队坚持海南岛奋战，经历土地革命战争、抗日战争和解放战争，二十三年红旗不倒的艰苦卓绝的战斗历程。吴国华的《关于〈琼崖纵队史〉几个问题的考证》分析了三个值得商榷的问题：《新的军事计划》制订者是琼崖特委还是广东省委；琼崖工农红军独立师、独立团成立时间问题；琼崖特委第四次代表大会的召开时间等问题，并提出了自己的思考，是一篇严谨的考据文章。

刘昊的博士论文《革命的地方性：中共领导的广东土地革命研究（1927—1934）》中涉及琼崖革命的有一章，主要探讨琼崖武装斗争与苏维埃建设中的问题，他在文中用"剪不断，理还乱"的党政关系和政权建设概括了革命的过程中是如何处理党政关系难题的，还探讨了在革命过程中"左"倾路线造成的危害。韦经照的《三次"左"倾错误对琼崖武装斗争的影响》探讨了瞿秋白、李立三、王明三次"左"倾错误对琼崖武装斗争的影响，这说明琼崖虽然地理上远离中央，地处中国南海，但仍然是中国共产党领导的武装斗争的有机组成部分，中央的"左"倾错误不可避免会影响到琼崖的武装斗争。

徐冰的《琼崖革命的历史转折点——内洞山会议》从关键历史

事件入手，分析了海南革命生死攸关的重要转折点——内洞山会议的历史背景、会议经过以及会议产生的重大意义。唐若玲的《土地革命时期琼崖共产党人对"农村包围城市革命道路"的探索与实践》从武装斗争的角度分析了琼崖地方党组织在城市与农村道路之间选择的艰辛探索，介绍了城市中心论造成的重大损失迫使琼崖共产党人不唯书、不唯上，根据实际情况制定符合斗争形势发展要求策略的奋斗历程。戚小吉的硕士论文《马克思主义中国化的区域实践问题研究——以琼崖革命为例》分析了琼崖的地域特征、琼崖革命的战略战术、琼崖革命根据地的经济政策与土地政策、琼崖地方党组织的思想宣传与文化建设等内容。赵康太的《自然地理环境与中国革命道路的战略选择——兼论琼崖革命斗争"23年红旗不倒"》从人文地理学的角度分析了自然环境对中国共产党人探索"农村包围城市"的道路的影响，特别分析了海南岛特殊的人文地理环境，指出海南岛独特的地形地貌，得天独厚的热带气候，中部山区原始共产主义的社会性质与共产党人的科学社会主义理想契合是琼崖共产党人坚持"二十三年红旗不倒"的关键。

（4）根据地建设

《琼崖革命根据地财经税收史料选编》是研究琼崖根据地财经工作的第一手资料。王礼琦、邢益森、武力合著的《琼崖革命根据地的经济斗争》一书，以翔实的史料，精辟的分析，把从大革命失败到海南岛彻底解放这长达20多年琼崖人民经济斗争的生动画卷展现出来，从经济斗争的角度分析琼崖党组织发扬实事求是、自力更生的精神在孤岛物质缺乏的困难条件下坚持斗争的措施和经验。崔开勇、陈琳编著的《母瑞山》一书聚焦琼崖革命摇篮母瑞山革命根据地，该书汇集了曾经在母瑞山参加斗争的老同志冯白驹、李汉、林诗耀、马白山等人的回忆录，以及当地党史部门撰写的一些研究文章，生动再现了那段艰苦的岁月，时间跨度从土地革命时期到解放战争时期，是一本系统介绍母瑞山根据地的书。

唐若玲的《论琼崖革命根据地的经济建设》论述了马克思主义在海南实践在根据地建设方面的三大措施：恢复和发展根据地的农业生产；创办小型工厂和手工业作坊，发展苏区的手工业生产；组织物资交流，打破敌人的经济封锁。罗旭南、杜芃诺的《论琼崖革命根据地反贪污犯罪的立法及其成就》论述了琼崖革命根据地的立法工作、反贪污斗争、立法成就，最后指出琼崖革命根据地依法严厉惩治贪污腐败犯罪，在当时所起到的社会成效是廉洁了革命队伍，壮大了革命力量，最终促进了全国解放战争在海南的胜利。陈立超的《陕甘边革命根据地与琼崖革命根据地比较研究》从比较研究的角度分析了两块根据地在创建根据地、根据地的创建与自然环境的关系、重视根据地经济建设与民生三个方面的相同之处。黄文主的《琼崖纵队经济保障史实》从保障军队供应的角度分析了琼崖纵队的后勤情况，通过组织财政收入保障部队供应；开展生产自救，克服物质困难等措施保障了琼崖纵队在异常艰苦的条件下坚持斗争。

（5）妇女解放

妇女解放运动是马克思主义在海南实践的一个特色，特别是中国工农红军女子军特务连的事迹广为人知。女子军特务连是成建制、有番号的女性部队，它不是担任后勤、护理、情报等二线工作，而是直接参加一线作战，甚至参加了涉及琼崖特委生死存亡的阻击战，这样的女子部队在世界范围内都是极其罕见的。众所周知，妇女的天性并不是你死我活的战争，妇女的天性是内敛的、被动的、防御性的。而战争弥漫着雄性的荷尔蒙，是主动的、进攻性的。一群花季少女突破自己的生理和心理的特性参与到一场战争中去，其背后的原因颇令人深思。除了参加女子军部队参与作战外，其他妇女参与政权、生产建设等也很普遍。马克思主义在海南的实践，极大地解放了琼崖妇女，使妇女参加革命的积极性高涨。

琼海市档案馆馆藏一批女子军特务连的档案文件，大多数是女子军战士接受访谈的原始记录，语言质朴，史料价值非常高，是研究海南妇女生活状况和女子军战斗历程的第一手资料。《琼崖革命论》一书第六章分三节专门讨论琼崖革命的妇女问题，分别是：琼崖妇女的社会地位与文化个性、琼崖革命与琼崖妇女斗争、琼崖革命中妇女问题的反思。

中国工农红军女子军特务连是海南妇女解放运动的代表，关于它的研究著作较丰富，张开新等人编写的《红色娘子军史》是由中共琼海市委党史研究室组织集体编著的官方正本。关于红色娘子军的研究还有朱逸辉等人编写的《红色娘子军写真》。庞启江、庞家东的纪实文学《红色娘子军传》以二十七章的篇幅全面回顾了女子军特务连战士的战斗历程及其在中华人民共和国成立后个人生活的点滴。该书作者经过大量艰苦的田野调查，掌握了很多关于女子军战士的第一手资料。不足之处是作为纪实文学，很多材料未能注明出处。王齐冰的《试析琼崖妇女革命悲情的历史文化成因》通过对琼崖妇女文化品性的分析，认为特殊的热带生存环境以及历史文化中的祖先崇拜、儒家伦理是构成这一特殊文化品性的原因。该文从历史文化背景和人文地理角度解读了海南妇女参加革命的"悲情意识"。林孟娟的《琼崖妇女革命斗争的三个特点》分析了琼崖妇女革命斗争的三个特点：起点早、战线长、参与者众；不怕困难，不怕牺牲，视死如归；利用多种方式进行不屈不挠的对敌斗争。韦经照的《琼崖妇女运动概述》分析了琼崖妇女运动的若干历史阶段，分别是琼崖妇女的觉醒和妇女运动的兴起、琼崖妇女协会的成立和妇女运动的发展、妇女运动重点的转移和琼苏妇委的成立、妇女运动遭严重挫折和琼崖妇女坚持艰苦卓绝的斗争以及抗日战争与解放战争的妇女运动。张瑞芬的《从琼崖妇女运动"一大"看琼崖"一大"的时代意义》一文分析了中共琼崖"一大"对妇女运动的促进作用，指出中共琼崖"一大"的召开开创了海南妇女运动的新局面，为琼崖大革命作出了重要的贡献。并分析了大革命时期海南妇女运动的启示。林鸿范的《论红色娘子军精神及现实意义》分析了红色娘子军的四种精神，即追求真理、自立自强、英勇献身、坚贞不屈。

4. 小结

如上所述，关于马克思主义在海南的传播与实践的研究，传播方面的研究专题著作少，论文也少，研究有待进一步深入。关于马克思主义在海南的实践研究，专著和专题论文都十分丰富。但是存在一些问题：重复研究多，深入挖掘史料的少；描述性的研究多，宏观的理论总结少。

三、课题的内容和意义

1. 研究的主要内容

本书在厘清马克思主义传播与传入以及广义、狭义马克思主义概念的相关基础上，首先分析了马克思主义在海南传播与实践的背景——民国时期琼崖的政治、经济、文化情况，分析其接受马克思主义的可能性和必然性。第二章分析了五四运动之后马克思主义在琼崖传播的情况，第二章第一节分析马克思主义在海南传播的历史进程，分别是五四运动与大革命时期之前的初步传播、大革命时期的集中传播、琼崖地方党组织建立之后的有组织传播；第二章第二节分析马克思主义在海南传播的内容，特别分析了在传播过程中的革命与改良的论战，最后评价马克思主义在海南传播的进步意义和历史局限性。第三章分析国共合作破裂之后中国共产党打出自己的旗帜，在土地革命时期对马克思主义的实践，主要介绍了武装夺取政权、根据地局部执政、土地革命与根据地建设情况。

2. 研究意义

（1）进一步深化马克思主义在中国区域传播的研究

经过广大学者多年的努力，马克思主义在中国传播的研究成果十分丰硕。在传播内容、传播主体、传播方式、传播效果等方面取得了一系列成果。某些专题性马克思主义在中国传播的研究也十分深入，如关于进化论传播与马克思主义传播的关系，特定报纸与杂志传播马克思主义的研究，以及著名人物传播马克思主义的研究，都是普遍而深入的。但是，对马克思主义在一个特定区域空间的研究，却显得相对薄弱。目前出版的专著与博士论文都相对较少，只有少数期刊论文和硕士论文。具体到马克思主义在海南的传播，目前尚无专著和博士论文方面的研究。民国时期，海南作为一个经济文化相对落后的岛屿，有着其特殊的地理区位与文化背景，马克思主义在这一相对密闭的岛屿空间传播，与在中国内陆的传播相比，必然有其特殊性。深入分析马克思主义在海南传播的历史进程，有助于探讨马克思主义在区域空间传播的特殊性，从而在区域空间视角深化马克思主义在中国的传播研究。

（2）从马克思主义中国化的视角深化海南党史研究

海南中国共产党革命历史的研究，起步较晚，成果也相对较少。赵康太在《琼崖革命研究六十年：回顾、反思与展望》中指出，长期以来，琼崖革命研究重史料而轻理论、重叙述而轻分析、重个案而轻综合，一些重大问题未能引起充分关注。很多研究成果，都停留在回忆录和澄清史实上，缺少宏观的理论视野。目前的研究还没有做到把海南革命纳入马克思主义中国化的历史进程中去，以马克思主义在海南的传播与实践的视角去梳理海南革命，有助于从理论高度叙述海南党史。在马克思主义中国化的视野中重新审视海南共产党人在武装斗争、根据地建设、妇女解放等方面的实践活动，从理论的高度勾勒出海南党史的主题和主线，能够避免陷入琐碎的历史考据之中，克服孤岛意识，从而把海南地方党组织的实践纳入全党全国的视野之中，为海南地方党史研究提升理论高度与拓宽空间视野。

（3）微观角度论证马克思主义中国化的历史必然性

马克思主义引进中国的最大功能是挽救了中华民族的民族危机，这是很多现代历史研究者的共识。马克思主义需要中国，中国更需要马克思主义。改革开放以来，思想日益多元化，否定马克思主义和中国共产党的历史虚无主义思潮有所滋生，他们鄙夷革命，歌颂改良，认为中国走马克思主义中国化的道路是误入歧途，是通往奴役之路。马克思主义坚决反对历史虚无主义思潮，反对历史虚无主义，维护中国共产党执政意识形态安全，加强对马克思主义中国化的区域微观研究就显得非常必要。要从马克思主义中国化的角度去认识近代中国的历史，并且不是笼统研究，而是微观具体地选取一个切面，比如从一个区域去深入研究，论证马克思主义中国化的历史必然性。以海南为例，琼崖民国社会是所谓的地主阶级领导的温情脉脉的士绅社会吗？为什么马克思主义在琼崖的传播深入人心？马克思主义在海南的实践有哪些创新之处与历史教训？对这些问题的研究，有助于深化马克思主义中国化的研究，论证马克思主义中国化的历史必然性。从而论证中国共产党的执政合法性，维护执政意识形态安全。

四、研究的创新之处

1. 研究视角的创新

本书从思想史的角度，以马克思主义中国化的视角审视琼崖革命，避免陷入琐碎的史实考据，用宏观的理论视野厘清马克思主义在海南传播与实践中的主流与主线，在海南地方党史研究方面具有独特的研究视角。

2. 研究内容的创新

以往关于琼崖革命的研究，存在重实践研究轻传播研究的倾向，将马克思主义在海南的传播仅仅作为琼崖革命的背景一笔带过，对传播的过程和内容仅限于罗列相关杂志的名称，未能深入分析其文本内容透露的丰富信息。本书在研究内容上的创新之处，一是把传播作为与实践同等重要的方面,通过原始档案深入挖掘马克思主义在琼崖传播的文本内容。二是根据土地革命时期广东省委和琼崖特委之间大量的原始报告等实证材料,分析琼崖革命在接受上级领导与自主探索方面的逻辑主线。

3. 研究方法的创新

本书综合运用哲学、历史学、政治学、传播学等理论方法,力图从多维视角梳理出马克思主义在海南传播与实践的脉络,在研究方法上具有一定的开拓性。

第1章 马克思主义在海南传播与实践的背景

　　思想的传播与当时的社会环境密不可分。一种理论最终成为一种社会思潮，由社会思潮进而变成改造社会的实践活动，说明这种理论有说服力。马克思主义传入中国的时机正是中国人学习西方思想的高潮期，各种思想大量传入中国，最终马克思主义在各种思想中脱颖而出，成为中华民族实现伟大复兴的锐利思想武器。只有马克思主义才能救中国，是因为马克思主义契合了中国革命实际。作为一种新的世界观和方法论，马克思主义不但具有现实的解释力，更是指出了社会改造的出路和解决方案。科学社会主义与无政府主义等区别就在于，前者不但具有道德的感召力，还具有逻辑的理性魅力，而后者只有道德感召力，却没有实际的操作性。中国面临着拯救民族危亡和实现现代化两大任务，需要的不是具有道德感召力的批判理论，而是能实现社会改造的行动指南。马克思主义是来自西方的一种思潮，其社会改造思想在西方社会实践不多，大都作为一个批判性理论，能在东方社会落地生根、开花结果，原因就是落后的俄国和中国比西方社会面临着更为迫切的改造社会的任务。马克思主义是无产阶级以及全人类追求自由解放的学说，它追求人的全面真正的自由，它设想的理想社会是自由人的联合体，这对处于半殖民地半封建的中国来说，是振聋发聩的。帝国主义、封建主义的压迫，使中国人民生活在水深火热之中。反帝反封建，追求民族独立和人民幸福成为时代主题，而马克思主义恰好可以作为思想武器和行动指南。只有马克思主义才能救中国，中国需要马克思主义，马克思主义也需要中国，正是两者的相互契合与相互需要，马克思主义中国化才水到渠成、瓜熟蒂落。

具体到琼崖也是如此，马克思主义 1919 年传入琼崖并迅速成为主流思想，成为打破琼崖漫漫长夜的一声惊雷，从此琼崖人民开始觉醒。1926 年中国共产党琼崖"一大"的召开，更是标志着马克思主义从传播进入实践阶段。马克思主义得以在琼崖落地生根、开花结果有两方面的因素，一是传播的社会环境，即琼崖社会充满了压迫和不公平，当地人民急需一种解放自身的理论武器。二是传播的主体即琼崖现代知识分子的诞生，他们外出求学，接受了马克思主义，出于爱国爱乡、改造桑梓的情怀开始传播马克思主义这一救国救民的真理。传播环境和传播主体缺一不可，1919 年的五四运动，是开启这一伟大历程的标志性事件。

1.1 军阀混战乱局下的琼崖

自 1840 年鸦片战争以来，中国一步步沦为半殖民地半封建社会。这一社会形态的特征是对外丧失主权，中国人民受到帝国主义的压迫，帝国主义在中国进行商品倾销，并掠夺中国的资源。从内部看，帝国主义与封建主义相勾结，共同压迫人民，中国人民身受双重压迫，过着水深火热的生活。更为艰难的是，自袁世凯倒台之后，中国社会失去了大一统的政治格局，陷入军阀混战的失序局面。军阀统治的一个突出表现，就是赤裸裸的武力，没有任何执政伦理可言。正如孙中山在《建国方略·自序》中所说："夫去一满洲之专制，转生出无数强盗之专制，其为毒之烈，较前尤甚。于是而民愈不聊生矣！"[1]

　　琼崖地处中国南海，并未逃脱这一普遍的历史境遇。民国初期，随着广东政局的变动，琼崖先后被龙济光、沈鸿英、李根源割据。1920年12月，琼崖废除道制，改设善后处，粤军旅长邓本殷来琼兼任琼崖善后处处长，掌管海南岛的军政大权。同时，率所部四个旅进驻琼崖，开始了对琼崖长达六年的统治。邓本殷字品泉，行伍出身，1879年8月27日出生于广东防城县茅岭乡大陶村（今属广西），自幼失学，随双亲以务农、织席为生。从一个士兵到割据一方的军阀，邓本殷拥有乱世谋生的能力。他一生也颇具争议，早年作为军阀独占琼崖六年，评价是负面的。1926年被国民革命军逐出海南之后，竟然诈死而后销声匿迹当寓公10年，这在希望长寿、恐惧死亡的中国人是颇为出格之举。日本侵华后，他挺身而出，组织游击队与日军英勇作战，以致故居被日军焚毁，其部后来被改编为新四军挺进纵队。中华人民共和国成立前后，邓本殷曾在香港活动，随后失踪，没有史料记载这位曾叱咤风云的军阀到底叶落何处。纵

---

[1] 孙中山. 孙中山选集：上[M]. 北京：人民出版社，1956：116.

观邓氏一生，统治琼崖六年是他一生的败笔。但是他不失为一个奇人，经得起繁华，耐得住寂寞，看淡生死，有民族大义。最后竟在历史的长河里不知所踪，留下一个毁誉参半的背影供后人评说。无论是龙济光、沈鸿英、李根源还是邓本殷，他们治理琼崖大都乏善可陈，主要原因是权力投机思维作怪，这些军阀志不在琼崖自身建设，而是利用琼崖的资源，过海去争夺广东南路的政权。"这些军阀在统治海南期间，大多将海南视为进取东南的跳板，因此鲜有立足海南的长远发展来经营，更多的是杀鸡取卵般的掠夺和盘剥。"❶ 如邓本殷，他利用琼崖为基地，积极向广东南路扩张，1923 年他联合申葆藩、黄志桓等部，成立南路八属联军，任总指挥。在内陆扩张失利的情况下，最后不得已退守琼崖。总的而言，在这种权力投机的思路下，这些军阀对琼崖社会不是建设，而是破坏。具体而言，琼崖人民面临三座大山的重重压迫：帝国主义、军阀和封建地主。

1.1.1 帝国主义的经济掠夺与文化侵略

鸦片战争之后，中国被迫向西方国家开放通商口岸，琼崖也在其中。1958 年签订《天津条约》，琼州成为通商口岸，海南岛从此成为帝国主义商品的倾销地。大量廉价的西方工业品进入琼崖，打破了原来自给自足的自然经济。传统手工业在西方工业产品的冲击下迅速萎缩乃至消失，以此为生的手工业者的生计受到严重影响。以琼崖主要手工业产品棉纱为例，棉纱进口 1882 年为 3167 担，

---

❶ 宁玉兰. 民初琼崖现代知识分子产生群体崛起的历史机缘 [J]. 新东方，2015 (5).

1891年递增到17184担。❶ 洋油（燃灯照明用的煤油）的输入量也很大，1882年为6980加仑，1890年递增到491540加仑。❷ 还有火柴等其他工业产品，有人指出了这种情况的严重性："试看我琼崖地方上，所有货物，有几件是我琼崖的土产？布满市场，没有不是洋货……一切从前的手工生活，皆被'洋老爷'打倒，吾人只有分利而无生利，财政命脉，已被洋资本家夺去了。"❸ 帝国主义向海南倾销工业产品，海南本土出口的是农副产品，在海关等机构被帝国主义把持的情况下，这样不对等的贸易使得琼崖本地农副产品被帝国主义掠夺。黎族地区所产的"牛、猪、椰子、槟榔、木材、益智、红白藤、高良姜、瓜子、花生等都被各资本帝国主义所掠夺"❹。西方工业品大量倾销的后果是大量手工业者失业。琼崖人多地少，大量失业人口无地可种，本地工商业不发达，大量劳动力被迫出走南洋谋生。

除了倾销工业产品外，西方的基督教也进入琼崖社会。基督教进入琼崖社会，设立学校、医院，进行传教活动。基督教进入琼崖，给琼崖带来了西方文明因素，冲击着原来的传统，使琼崖社会慢慢融入现代化，如基督教在琼崖地区设立的女子匹谨中学，就开了当地女性教育之先，让女性开始有了接受教育的机会。但是不可否认的，基督教进入中国，除了客观上促进了中国近代化进程外，其背后文化侵略的动机也是尽人皆知的。洪剑雄指出："是他想软化中国

---

❶ 海口市地方志办公室. 海口市经贸志[M]. 海口：南海出版公司，1993：164.
❷ 海口市地方志办公室. 海口市经贸志[M]. 海口：南海出版公司，1993：165.
❸ 中共海南省委党史研究室. 琼崖大革命资料选编[G]. 海口：[出版者不详]，1994：71.
❹ 符和积. 海南文史资料：第四辑[M]. 海口：三环出版社，1991：164.

第1章 马克思主义在海南传播与实践的背景

人以达侵略的目的。而教育,并非为教育而教育,这一点大家是要明白啊。"❶ 基督教的教义与中国传统文化是冲突的,基督教追求的是来世灵魂的拯救,而儒家思想熏陶国人大都是奉行如李泽厚先生所说的"实用理性",追求现世的福报。相比于西方对上帝虔诚的信仰,中国人一般对宗教采取实用主义的态度。中西文化隔阂使得基督教在中国的传播困难重重。为了传教,传教士不得不想出各种实实在在的好处来吸引国人,比如基督教设立的学校"不收学费,膳费减收。若洗礼入教者,更特别优待"❷。为了进一步吸引国人入教,教会还会承诺教民享有种种特权,在与官府交涉过程中教会也为教民撑腰,这样的诱惑确实使得琼崖民众为了现实利益加入了基督教会。此举加剧了农村社会的分裂,固守传统文化的士绅与一般笃信传统的民众联合起来反对教民和其背后的教会,导致近代中国教案不断发生。教案发生后,教会依据不平等条约往往要求地方军阀严惩肇事者,由此引发双方更大的敌对情绪。1924年,美国冯牧师在嘉积被土匪杀害,邓本殷派其爪牙陈凤起前赴琼东县清乡,屠杀无辜乡民,"陈〔凤起〕到嘉积后,居民逃避一空,日夜均宿山中,陈〔凤起〕则派队四出搜捕,一遇人民,无论良莠,必遭逮捕,刻已捕五六十人,枪毙无辜乡民三十人,而正匪则一无所得。"❸ 冯牧师案的影响不止于屠杀乡民,美帝国主义还进一步要求赔款,这一要求无疑把侵略的本质暴露无遗。羊毛出在羊身上,封建军阀不

---

❶ 洪剑雄. 教会学校与琼崖[J]. 新琼崖评论, 1924 (2).
❷ 同❶。
❸ 徐天柄. 军阀与帝国主义者协同宰割琼崖人民之一幕[J]. 新琼崖评论, 1924 (14).

会自掏腰包给付赔款，最后还是转嫁到琼崖人民身上。"美国帝国主义者，始则派遣兵舰，恫吓示威，继则利用走狗（邓本殷），勒款杀人……追勒琼东、乐会两县刻日筹出七万元赔偿。"❶

为了维护西方列强在华的种种特权，帝国主义经常无视中国主权，对琼崖人民进行赤裸裸的武力威胁："六月十日有日本兵舰入海口泊二三日，夜间开探海灯，照上陆地，人民不胜惶恐，日间水兵又强到琼城各机关参观，任意出入，旁若无人，在军事机关及各紧要地方，均拍照而去，琼崖学生看此情形，极为愤恨云。"❷ 当美国传教士在嘉积被杀后，美国兵舰直驶进入琼州海口，派舰队登陆示威。为了维护其通商霸权，帝国主义还把持了中国的海关。"外籍税务司制度构成近代海关的核心制度。在总税务司的独揽下，在各海关中出现洋员对华员绝对控制的局面。琼海关也是如此，琼海关税务司一职都为外国人所把控，这在琼海关税务司任期表中明显得到反映。"❸ 武力威胁、把持海关，帝国主义对琼崖的侵略最为可耻的是贩卖华工贸易。琼崖华工被当作苦力贩卖到东南亚和世界各地，为殖民者带来可观的利润。这一侵犯人权的贸易俗称"猪仔贸易"，被贩卖的华工利益得不到保障，贩卖过程中充满了欺骗和暴力威胁。为了诱骗华工出洋，殖民者采取了形形色色的把戏使无辜者上钩，"他们至茶楼、旅馆，见国人之失业者，故作亲昵之状，享以酒食，诱之以赌博，借与赌本，作为圈套，使其负局后，乃夸耀南洋之富庶，以动其心。然后允介绍其工作，并许借与川资，使受骗者心悦

---

❶ 徐天柄. 为冯卓支旧案敬告中国人民 [J]. 新琼崖评论, 1925（26）.
❷ 徐天柄. 日本兵舰闯入海口与中国主权 [J]. 新琼崖评论, 1924（12）.
❸ 刘彩虹. 晚清琼州海关的设立与口岸贸易 [D]. 海口：海南师范大学, 2018.

诚服，而自不知其已堕入术中。彼则从中得以身价，每名可得百余元，于是而交易成。猪仔上船后，即失去自由，任人宰割矣。"❶ 在琼崖，从事拐卖华工出洋的有德国的"森宝洋行"和法国的"哩喱洋行"和"几利幺洋行"。从1886年开始，德国的"森宝洋行"在海口设立了11间招工馆（也称"猪仔馆"）。法国"哩喱洋行"和"几利幺洋行"设立了8间招工馆。❷最令人愤慨的是，西方殖民者不但拐卖成年男性，而且连妇女和儿童都不放过。华工出洋后被殖民者低价贩卖，雇主则千方百计地盘剥华工。这些出洋的华工，大多结局悲惨，"有的半途被虐待摧残至死，30%到达目的地后被折磨客死他乡。"❸

除了掠夺劳动力，美帝国主义企图染指琼崖的矿产资源和森林资源。邓本殷曾经与美帝国主义签订3000万美元的借款合同，"以建琼崖码头、商埠、海港及开发铁路、森林、矿产之权，为交换条件。"❹该借款合同尚在酝酿阶段消息被披露出来，招致全琼人民强烈反对。邓本殷摄于民意，最后不敢在借款合同上签字。

帝国主义进入琼崖社会，客观上给琼崖带来了改变，使琼崖社会开始走向现代化，但是其客观上的进步意义不能抹杀其侵略的本质。帝国主义的侵略给琼崖带来了严重的后果，大量廉价工业品的倾销瓦解了原有的手工业，导致琼崖人多地少的矛盾更加突出，人

---

❶ 丘守愚. 东印度与华侨经济发展史 [M]. 北京：北平正中书局，1947：88.
❷ 苏云峰. 海南历史论文集 [M]. 海口：海南出版社，2002：199-200.
❸ 王翔译. 棕榈之岛：清末民初美国传教士看海南 [M]. 海口：南海出版社，2001：225.
❹ 陈布公，钱亦能，梁学光，等. 邓本殷借款详细情形 [J]. 新琼崖评论，1925 (30)；中共海南省委党史研究室. 琼崖大革命史料选编 [G]. 海口：[出版者不详]，1994：294-295.

民生计更加困难,一部分劳动力被迫出洋谋生。帝国主义历次对华战争的赔款,也相应转嫁到人民身上,人民生活更加艰难。基督教的扩张激化了农村基层的矛盾,教案的发生更是导致了排外情绪的产生。殖民者贩卖人口的华工贸易,更使殖民者的丑恶嘴脸暴露无遗。帝国主义是封建军阀背后撑腰的保护伞,其侵略的本质一步步为琼崖人民所认识。"自然是列强与军阀,他们日夜努力制造此祸因。"❶

1.1.2 军阀的苛政与盘剥

军阀统治的命根子是军队,因此,军阀无不以扩军为第一目的。扩军需要经费,军阀间混战更是靡费无数。为了维持在琼崖的统治,邓本殷千方百计地盘剥琼崖人民,使得人民在生存线边缘徘徊。1924年,邓本殷"为筹划买械招兵计,会商各县县长由琼崖田产抽捐(每亩抽银七元)以充军费"❷。这些钱款都由地方的土豪、流氓、地痞负责征收,可以想见,最后落在人民头上远不止这个数。"捐税多如牛毛,什么人头税、牛马税、房屋税、椰树税,等等,不可胜数。"❸ 面对人民的反抗,邓本殷露出军阀残暴的一面,"在他统治的时日里几乎是无日不'剿匪',无日不杀人,有时一天枪毙三

---

❶ 徐天柄. 军阀与帝国主义者协同宰割琼崖人民之一幕 [J]. 新琼崖评论,1924(14).
❷ 徐天柄. 琼崖人民反抗军阀重迫底第一声 [J]. 新琼崖评论,1924(8).
❸ 曾令明. 人物春秋 [M] //海南文史资料:第三辑. 海口:三环出版社,1990:198.

四十个。"❶ 除了苛捐杂税，为了筹集更多的军费，邓本殷放任赌博泛滥琼崖，自"1922年5月粤变后，因军饷缺乏，遂大施赌业。琼岛全境杂赌盛行，妇孺相率为赌徒，全岛遂成赌国"❷。苛捐杂税，赌博泛滥，人民生活困苦可想而知。在这种严酷的生产环境下，一些人铤而走险上山为匪，使得琼崖社会又多了一种社会毒瘤——匪患。土匪泛滥，是邓本殷竭泽而渔盘剥人民的结果，这种失序的社会给土匪提供了生存的土壤。而邓本殷等人根本不认真剿匪，而是纵匪为患，目的就是向人民索取更多的军费，兵匪一家，成为一种共生关系。这样的社会现实给人民带来了无尽的苦难。除了土匪，琼崖地区当时还有一种组织更加严密的军事武装，实力介于军阀和土匪之间——民军。民军是辛亥革命之后历次反抗斗争中组织的军事武装，是以革命为名义兴起的武装，与一般打家劫舍的土匪还是有区别的，但是由于没有先进政党的领导，这些武装往往成为一些野心家实现抱负的工具而丧失了当初的革命性。"在每个革命时期中，他的活动，总算有些名义，而且或许有些价值，但多半为革命堕落分子及自甘暴弃的凶徒所利用或假借革命招牌，以作他们升官发财的工具。"❸ 军阀、民军、土匪，三者之间相互混战，给琼崖带来了无尽的动荡和灾难。

---

❶ 罗文淹. 海南岛初期人民革命史资料［G］//中共海南省委党史研究室. 琼崖大革命史料选编. 海口：[出版者不详]，1994.
❷ 中共海南省委党史研究室. 琼崖大革命史料选编［G］. 海口：[出版者不详]，1994：45.
❸ 徐天柄. 军阀民军土匪混战与琼崖人民［J］. 新琼崖评论，1924 (19/20).

1.1.3 封建地主的残酷剥削

半殖民地半封建社会的一个重要特征就是地主占有大量的土地，通过地租剥削农民。民国时期琼崖主要以农业为主，农民占有土地很少，土地大部分为地主所有或者是地主士绅控制的公田。地主阶级除了通过地租来剥削农民，还利用高利贷实施敲诈勒索。民国农村金融不发达，农民遇到婚丧嫁娶等大事急需用钱的时候筹钱无门，只能被迫向地主借贷，这种高利贷会让农民倾家荡产。"一般豪绅、地主主要以重租（季收谷物五成以上）和高利贷（年息一利一本，最重的叫'燕子钱'，月息一本一利）剥削人民，有的竟勾结军阀政府，承包捐税，从中取剥。"[1] 在传统农业社会，士绅阶层本是非常重要的一个阶层，他们普遍拥有科举功名，对上联络地方官，对下代表一方百姓与官府对话，在乡村自治中，他们发挥着重要作用，修建祠堂和兴建其他公共设施，凭借个人威望处理民间各种纠纷。士绅阶层凭借功名和威望填补乡村的权力空间，对乡村稳定起了极大作用。随着资本主义经济的发展，城市化进程不断加剧。农业社会以乡村为本位的格局被打破，知识分子大量进城，原来的士绅随着科举的废除也丧失了原有的威望，乡村权力空间迅速被一群没有功名、没有知识的流氓地痞所控制，他们承包捐税，从中获取大量非法所得。在这种土豪劣绅的盘剥下，农村生产力受到了很大的破

---

[1] 罗文淹. 罗文淹研究资料［G］//海南岛初期人民革命史资料. 海口：[出版者不详]，1994.

坏，农村日益凋敝，农民的生活越来越困难。

1.2 琼崖现代知识分子的诞生

马克思主义传播的一个条件就是要有传播主体，琼崖现代知识分子为马克思主义在琼崖大地传播准备了条件。列宁指出："在任何一个政治运动或社会运动中，在任何一个国家里，一定阶级的群众或人民群众同该阶级或人民的少数知识分子代表之间的关系，只能是这样的：无论什么时候什么地方，一个阶级的领袖永远是该阶级最有知识的先进代表人物。"❶ 知识分子与普通百姓的区别在于掌握了一定知识之后所具有的批判社会能力，而普通民众面对军阀的压迫一般是逆来顺受。"琼崖人民在此种二重压迫的情势之下，不是哑子吃黄连，便是敢怒不敢言。"❷ 与封建军阀相比，知识分子没有武装，甚至手无缚鸡之力，但是他们仍然对社会有重要的影响，原因就在于知识分子有思想的能力，有言说的能力，他们或者撰文，或者发表演讲，利用舆论的力量批判社会，促进社会进步。中国近代知识分子来源于传统的士大夫，是科举制度废除之后发展起来的。中国传统的士大夫有强烈的入世情怀，最为典型的是北宋张载的横渠四句"为天地立心，为生民立命，为往圣继绝学，为万世开太平"。传统士大夫的道统情结，对平衡封建皇权起了重要作用，在宋

---

❶ 列宁全集：第4卷 [M]. 北京：人民出版社，1986：277.
❷ 徐天柄. 我们今后两个最重要的工作 [J]. 新琼崖评论，1925（25）.

朝曾经出现过道统与政统并行的局面，士大夫获得了空前的历史地位，宋朝也成为中国古典文明的最高峰。宋以后，士大夫的地位虽然每况愈下，清入关之后，文字狱使得士大夫噤若寒蝉，只得在考据学中打发时光。但是随着鸦片战争之后民族危机的出现，传统士大夫那种入世情怀又一次被激发，他们成了睁眼看世界的先知先觉者，洋务运动、戊戌变法、辛亥革命，这些挽救民族危亡的革命运动，其主体都是士大夫和近代知识分子。中国的知识分子有强烈的入世关怀，有"以天下为己任"的责任担当。在琼崖地区也不例外，一些平民出身的青年学子承担起了改造琼崖的历史重任。琼崖革命早期知识分子团体的形成，为马克思主义在琼崖的传播准备了传播主体。这些早期知识分子的出现有四个关键的因素：五四运动的洗礼、出岛游学的冲击、外部知识分子的加入和华侨力量的壮大。

1.2.1 五四运动的思想觉醒

1919 年的五四运动是开启历史新时代的重要推动力量，琼崖社会更是如此，以青年学子为主体的爱国主义运动，波及社会各个阶级，知识分子第一次与各阶级联合起来，爆发出巨大的能量。知识分子不仅在思想上获得了启蒙，也在实践中感知了民众中蕴藏的力量，从而为改造琼崖找到了动力来源，就是走群众路线，唤起民众。

1919 年五四运动爆发的消息传到琼崖已是三日之后，1919 年 5 月 8 日，海府地区的青年学生首先响应，纷纷举行游行示威，抗议帝国主义的侵略行径和北洋军阀的卖国行为。5 月 18 日，琼崖学生联合会成立，立即宣布接受全国学联的领导，并派代表赴上海参加全国学联会议。从此，海南学生运动成为全国学生运动的一部分。❶文昌籍北京大学预科学子郭钦光被反动军警殴打吐血抢救无效死亡，这一事件使得琼崖人民无比愤怒，以追悼郭钦光为契机，把反帝爱国运动不断推向高潮。

5月底6月初，五四爱国运动发展到抵制日货阶段，参与的人数和阶级更加广泛，爱国商人、工人也参与进来。琼崖学生联合会组织了纠察队、检查队和宣传队积极开展爱国运动。在学生爱国热情的感染下，很多市民参与抵制日货，琼崖地区一时日货几乎绝迹。❷琼崖五四爱国运动促进了各界群众的大联合，这场运动的领导主体是青年学子，如王文明、杨善集和冯白驹等人。五四运动激发了青年学子的爱国热情，抵制日货的实际运动也让他们认识到了联合的力量，他们更加自觉地探索改造琼崖的革命道路。五四运动之后，琼崖学子掀起了一场外出游学的浪潮。

1.2.2 出岛求学的现实成长

地处中国南海、信息闭塞的琼崖，教育比较落后，新式教育虽然在清末发展起来，但是基础薄弱。"海南小学教育……在表面而言，教育似甚为发达，然审其实际，则学课程度低，设备亦甚缺乏，质与量殊不相符……各县充小学教师者，大抵为高小及初中毕业之

---

❶ 陈诚. 浅析五四运动对海南近代社会产生的重大影响［J］. 琼州学院学报，2007（6）.
❷ 肖焕辉. 海南人民早期的革命斗争［J］. 琼岛星火，1980（2）：1-25.

人；其由师范学校毕业者，其数寥寥无几。"❶ 小学教育如此，中学与中等教育在师资上就更为捉襟见肘。1920年全琼中等学校仅13所，无高等学校。在这种情况下，琼崖学子求学无门，其苦闷可想而知。琼崖革命优秀军事指战员徐成章曾回忆："我是一个笨劣的军人，不幸生长在文化恐慌的琼崖，除了那种枯燥无味的军队生活外，遍观全琼崖，希望先知先觉的人士来指示我社会进化的途径，启发我愚钝的心灵，介绍我新文字资料而不可得。"❷ 在这种情况下，外出求学就成了琼崖学子进一步深造的必然选择。他们主要去广东、南京、上海、北京和南洋等地求学。这些求学学子大都出身农民家庭，如杨善集出生于晚清一个穷秀才家庭，王文明出生于海南乐会地区的农民家庭，徐成章出生于海南琼山地区的农民家庭，冯平出生于海南文昌地区的贫农家庭，对琼崖社会的落后和农民所受的压迫有深切感受，有强烈改造琼崖的想法。在求学期间，他们如饥似渴地学习新知识、接受新思想，接触到不少先进的共产党人，如李大钊、瞿秋白等人，在革命的洪流中确立了自己的信仰，走上了宣传马克思主义、改造琼崖的道路。

1921年中国共产党成立之后，全国的革命局面日新月异。琼崖由于处于军阀邓本殷统治之下，党组织直到1926年驱逐邓本殷之后才成立，因此，琼崖的社会氛围与国内其他地区还是有明显区别的。青年学子到了广州、上海、北京等地，受到马克思主义思潮的影响，其人生观、价值观发生了明显改变，慢慢走上了革命的道路，确立

---

❶ 陈铭枢. 海南岛志［M］. 海南：海南出版社，2004：254-255.
❷ 中共海南省委党史研究室. 琼崖大革命资料选编［G］. 海口：［出版者不详］，1994.

了马克思主义的信仰。如琼崖革命重要领导人冯白驹同志入上海大夏大学预科学习，在此期间，他确立了为人民幸福奋斗的革命目标，成为一名坚定的共产主义战士。"这时期我也阅读了一些新思潮的刊物，如《向导》等，更给我不少启发。特别是我接到家信说明家庭经济困难，无法接济我继续念书了后，更激起我思想的剧变，认为现在（指当时）的社会是穷人吃亏的社会，出路只有参加改革旧社会旧制度的革命运动。加上当时国难当头，目击当时国家境况，更加强我参加革命的决心。因此，'回乡参加革命'，就成为我既定的行动。"❶海南革命早期另一位领导人罗文淹曾在厦门大学和上海大夏大学求学。在上海期间，他参加了琼崖学生团体——琼崖青年社，积极参加反帝爱国运动，渐渐成长为一名革命者，他回忆："我们这时热血沸腾了。我渐渐地把读书看为不是最重要，而应当马上去参加革命活动了。"❷

1.2.3 外部输入的知识分子

琼崖早期知识分子群体中，除了琼崖本地青年学生王文明、杨善集、冯白驹、冯平、陈垂斌、徐成章、周士第等人，还有一部分是非琼籍的共产党人，他们都是由党组织派过来从事革命活动的，如陈公培（又名吴明）、鲁易、罗汉等，他们都是非海南籍在琼崖从事革命宣传工作的知识分子。中国共产党琼崖地方党组织虽然1926

---

❶ 中共海南区党委党史办公室. 冯白驹研究史料［M］. 广州：广东人民出版社，1988：328.

❷ 陈立超. 罗文淹研究资料［M］. 北京：中共党史出版社，2010.

年才成立，但是在此之前党中央已经派一些党员赴琼崖活动，这说明琼崖虽远离内陆，但是中国共产党很早就注意到这块战略要地。1922年，中国共产党成立的第二年，中共中央便派陈公培前往海南岛开展工作。陈公培回忆："一九二二年秋，我到海南岛，发展了十来个同志，现在记得的有：鲁易（湖南常德人，当时在琼山六师教书）、罗汉（后来是托派）和海南本地人徐成章、徐天炳、王大鹏、严凤仪、王文明、王乃器（其中好多人为革命牺牲了）。我们通过教书，进行活动。接触面很狭，做不了多少工作。以后因当地反动势力的压迫，仍回内陆，直至一九二五年，国民革命军到海南岛，党的势力在海南岛才扎下了根。"❶

这些内陆籍的共产党人赴琼崖与本地青年学子合作，办报宣传革命，组建革命团体，一点点汇聚琼崖革命的星星之火。"琼州自一九二一年十二月罗汉来琼，在琼山各中学等学校任职，与徐成章合作。始稍有新气象。后鲁易、李实、吴明随后来在各中学及徐成章等所办之报社做事，共集合六人始言及团体组织。"❷

1.2.4　华侨社会与琼崖早期知识分子的产生

随着中国近代救亡图存运动的兴起和民族资本主义的发展，人们的社会心理和传统观念发生重大变化，当地兴办新式教育，中国近代知识分子群体逐渐形成。在琼崖地区，这一进程有些差异，当

---

❶ 陈公培. 回忆党的发起组和赴法勤工俭学情况［G］//中共海南省委党史研究室. 琼崖大革命史料选编. 海口：［出版者不详］，1994.
❷ 同❶.

第 1 章 马克思主义在海南传播与实践的背景

内陆沿海开启近代化进程的时候,琼崖地区主要还是农业社会。"产业以农为主,在南方有渔盐之利,全岛无一工场。成年男子多赴南洋,工作大部分皆女子负担,且全系农工。"❶ 琼州对外开放之后,西方工业品开始倾销琼崖,使原来的手工业者生计更加困难,人多地少的矛盾更加突出,为了解决生计,成年男子大多选择奔赴南洋谋生。琼崖华侨在南洋文化程度不高,大多从事辛苦的底层工作,他们吃苦耐劳,把微薄的收入汇入琼崖。侨汇一直是维持琼崖社会的重要收入,大致每年一千万元的规模。❷ 由于受教育程度低,琼崖华侨备受歧视,他们在异国他乡感受到教育的重要性。因此,琼崖华侨不愿后人再受父辈曾经的艰辛,他们普遍乐于捐资助学。这一行为背后的动机就是琼崖华侨渴望有利益表达的代言人,"为了维护自身的利益,海南华侨渴望造就一批能够在政治上、文化上表达其诉求的新型知识分子。"❸ 华侨无私的捐助使得很多琼崖学子有了继续求学的希望。海南革命早期重要领导人罗文淹在厦门大学求学期间,学费没有着落,他最后得到了同乡海员的无私资助,得以渡过难关。"哥弄在苦恼的包围中,又认识了几个慷慨好义的同乡海员,他们对我的境遇都表示深切而亲热的同情。尤其是梁俊楣、符时宏,他们后来都由同情敬重而与我结为同甘苦的金兰兄弟,哥弄此后在厦门大学求学,全由他们的帮助。"❹ 南洋华侨不但在经济上资助青

---

❶ 陈公培. 吴明给光亮的信 [G] //中共海南省委党史研究室. 琼崖大革命史料选编. 海口:[出版者不详],1994.
❷ 程茂材. 建国前海口市金融业发展概况 [M] //海口市政协. 海口文史资料:第5辑. 海口:海南出版社,1989.
❸ 宁玉兰. 民初琼崖现代知识分子产生群体崛起的历史机缘 [J]. 新东方,2015 (5).
❹ 陈立超. 罗文淹研究资料 [M]. 北京:中共党史出版社,2010:50 - 54.

年学子，通常在青年学子危难之际可以为他们提供避难的港湾。很多青年学子成为革命者之后逃亡都是选择有琼崖华侨的南洋，如开国上将周士第同志在南昌起义失败之后就是逃亡到南洋得以逃避反动派的追捕。因此，南洋华侨是近代知识分子诞生的重要社会基础，这一阶层利益表达的需要催生了琼崖近代知识分子的产生。

五四运动的觉醒是近代琼崖知识分子产生的思想基础；出岛求学的现实成长促使近代琼崖知识分子走上革命道路，进而成为宣传马克思主义的重要条件；外部输入的知识分子，大部分是共产党人，他们是琼崖近代知识分子产生的"催化剂"；琼崖南洋华侨力量的壮大是近代琼崖知识分子产生的社会基础。四个因素共同发生作用，马克思主义在琼崖的传播主体——近代知识分子，就这样诞生了，从此琼崖大地开启了传播了实践马克思主义的现代化道路。

第 2 章　马克思主义在海南的传播

自 1848 年《共产党宣言》的发表到苏俄十月革命之前将近 70 年的时间中，马克思主义在中国的传播一直处于零星传播状态。马克思主义最早是由一名传教士传入中国的："1899 年 2 月到 5 月，上海广学会主办的《万国公报》上，以《大同学》为篇名刊载了由英国在华传教士李提摩太节选英国社会学家本杰明·颉德所著之《社会演化》一书的前第一、第三章由蔡尔康撰文的文章。在其《今世景象》中首次提到了马克思及其学说思想。"❶ 紧接着一些资产阶级革命家和无政府主义者也开始传播马克思主义，但是他们的传播比较肤浅，对马克思主义也是道听途说，理解不深，传播效果不佳，社会影响力不大。

马克思主义在中国真正有影响力的传播还是在俄国十月革命之后，正如毛泽东同志所形象指出的，"十月革命的一声炮响，给我们送来了马克思主义。"中国接受马克思主义这一救国救民的真理，决

---

❶ 李爱军. 马克思主义在两湖地区早期传播研究：1912—1927 年 [D]. 武汉：武汉大学，2014.

定性因素就是十月革命的示范效应。中国人民发现，马克思主义不只是具有道德感召力的批判学说，更是具有现实可操作性的行动指南。中俄都面临着现代化的任务，都是落后的专制主义传统的帝国，俄国人走上了十月革命的道路，让中国人民看到了有别于西方道路的另一种现代化方案。中国人民接受马克思主义的另一个重要的历史背景就是巴黎和会的失败，被爱国主义点燃的中国人民发现，西方列强标榜的文明只是"强权即公理"，这使得中国人民开始反思向西方学习的可行性，转而向俄国学习，寻找另一条发展道路。

民国时期琼崖地区文化传媒落后，直到1913年才出现近代第一份报纸，这一年，琼籍泰国华侨、辛亥革命先驱林文英创办了琼崖第一份报纸《琼岛日报》，可是不到一年时间，军阀罪恶的枪声就让这份报纸彻底消失了。"我们的琼崖，从《琼岛日报》被封，创造《琼岛日报》的总理林君格兰，被那人面兽心的陈世华枪毙之后，从此四百万的岛民，就没有代表舆论的机关了。"❶ 1914年至1919年，琼崖报业竟然是一片空白，由此可见琼崖当时新闻传媒业的落后。在没有本土报刊的情况下，琼崖地区的马克思主义传播主要依靠外部输入，一些在外求学的琼崖学子把国内其他地区出版的马克思主义书籍通过邮寄的方式寄回琼崖，本地一些书店也从国内其他地区订购革命书籍和报刊出售。在本土报刊创办之前，琼崖的马克思主义传播只能通过外部输入的方式进行。

这样落后的局面是不利于革命发展的，琼崖革命先驱徐成章指

---

❶ 徐成章. 本报之经过[G]//中共海南省委党史研究室. 琼崖大革命史料选编. 海口：[出版者不详]，1994：3-8.

出:"没有一定的言论机关来指导,使他们醉生梦死,都不知岛外的情形怎么样。"❶ 要革命势必要先开民智,造舆论,因此,办报刊是最佳选择。1921年,徐成章等人创办《琼崖旬报》,成为琼崖大地第一份传播马克思主义的报纸。琼崖地处中国南海,工业落后,军阀横加干涉,经费紧张、印刷困难,要创办一份报纸是非常艰难的。第一份《琼崖旬报》居然要在广州印刷,因为海口没有技术工人,第三期才改在海口印刷,琼崖革命先驱宣传马克思主义的艰辛可想而知。"只是那个时候,纸、墨、印机、字粒,等等,还没有设备。而且手民也没有雇得,各同志急于出版,遂决议变通办理,公推我将稿子等件,携到广州市出版,这是《琼崖旬报》的实现时期。"❷ 他们筚路蓝缕地开启民智,把马克思主义输入琼崖,成为划破琼崖漫漫长夜的一声惊雷,从此琼崖革命的面貌就焕然一新了。

2.1 马克思主义在海南传播的基本进程

2.1.1 五四运动与马克思主义在海南的初步传播(1919—1924)

1.《琼崖旬报》与马克思主义在海南的首次传播

《琼崖旬报》由琼崖革命先驱徐成章创办,他联合王器民,经过

---

❶ 徐成章. 本报之经过 [G] //中共海南省委党史研究室. 琼崖大革命史料选编. 海口:[出版者不详],1994:3-8.
❷ 王器民. 琼崖旬报的略历 [J]. 琼崖旬报,1923(36).

艰难的南洋募捐，克服种种困难，于1921年4月1日正式出版，每十天一期，印数2000份，多销往南洋，体现了为华侨发声的特点。《琼崖旬报》共出版了36期，出版前期主要是宣传五四新思想，介绍民主和科学的思想。自第二十一期开始，欧洲勤工俭学的共产党员鲁易和罗汉加入编辑队伍，开始鼓吹以革命的手段改造琼崖，并且开始宣传马克思主义，"鲁君也是刚从欧洲回来的，对于世界近来的趋势非常明了，能介绍欧洲最近的社会主义学说给琼崖人研究。"❶《琼崖旬报》是琼崖最早传播马克思主义的报纸，"有一次，《琼崖旬报》贴在外面墙上，报头刊登一篇文章，标题为《资本论》。这是马克思主义经典著作在海南最早的介绍和传播。"❷ 当时琼崖处于军阀邓本殷的统治之下，不具备建立党组织的条件，罗汉、鲁易、李实、吴明、徐成章、徐天柄等人根据实际情况，建立了党的外围组织，组建社会主义青年团支部。青年团支部的活动以及《琼崖旬报》的宣传革命，被邓本殷视为洪水猛兽，千方百计给革命者施加压力。加之出版报纸费用不菲，当时的革命者没有经费来源，很难支持下去。出版了36期之后，《琼崖旬报》停刊了。"由于当时的政治、经济等种种原因及人事的变动，次年团组织无形中解体，作为舆论工具的报刊也被迫停办了。"❸

除共产党人办的《琼崖旬报》，一些华侨团体的刊物也积极宣传革命思想，提倡男女平等，提倡婚姻自由和个性解放，这些群众团

---

❶ 徐成章.本报之经过[G]//中共海南省委党史研究室.琼崖大革命史料选编.海口：[出版者不详]，1994：3-8.

❷ 黄定美.海口早期革命运动点滴[J].琼岛星火，1982（9）.

❸ 符史炯.府海青年学生运动的始末[M]//琼山文史资料.1990（6）：13-24.

体的刊物也片段地介绍了马克思主义。1923年，卢鸿慈、许邦鸿等在嘉积镇创办了《良心》月刊。这个刊物对琼东人民的觉醒起了一定的作用。难能可贵的是，它发表了当时琼崖女诗人余桂花的作品。余桂花的作品主要抨击琼崖教育理念的落后、琼崖社会对妇女的压制和琼崖社会存在的种种不公平的现象。其中的一首诗是琼崖最早的白话诗，控诉社会不公，充满了对劳动人民的同情。"炎炎……的太阳射下，泉枯石燥真可惊，劳动界、资本家，一切俱是父母生，同是一样心思，总是有限精神，为什么他坐吃肥甘？为什么我要受着炎炎的太阳赶工程？咳！这样的事，真令人不平！"❶ 杨善集对《良心》给予高度评价，他称赞道："卢鸿慈一人主持，匹马单刀，在黑暗的琼崖内陆担任文化事业，他这样的精神，实在是难得！"表扬的同时，杨善集也实事求是地指出了《良心》的不足之处："可惜帮助的人太少，内容不十分丰富，印刷方面，也有缺点。"

琼崖本地出版的革命报纸数量有限，主要原因是在严酷的政治环境下，封建军阀为了维持其统治，对一切代表民意的报纸如临大敌，数次卑鄙使用武力查封报纸。"1920年年初，琼崖革命先辈冯平、符节、徐成章等在海口创办'友声书社'，出版《新琼岛报》。该报仅办一个月就被琼崖督办李根源查禁。李根源离琼后，《新琼岛报》复刊，不久又被军阀邓本殷查封。"❷ 严酷的政治环境使得办报充满政治风险，也让报刊筹集经费更加困难。职业革命者没有稳定收入，加之琼崖远离内陆，获得上级组织的经费也有限，因此革命

---

❶ 刑谷宜. 琼崖早期革命报刊 [J]. 海南大学学报（社会科学版），1986（2）.
❷ 《海南省志·报业志》。

者创办报纸在经费方面时常捉襟见肘。"本报自创办以来，经济非常支绌，收股借债的事务，全由我来主持。但我是一个无产的青年，为自己生活问题，仆仆道途，席不暇暖。"❶

2. 外地求学青年创办的报纸杂志

1919年之后，琼崖学子掀起了外出求学的高潮，他们赴内陆和南洋求学，寻求救国救民的真理。青年学子思想活跃，他们组织青年团体，出版刊物寄回琼崖。莫同融（荣）、柯嘉予在北京组织"琼岛魂社"，创办《琼岛魂》杂志。王文明、叶文龙等在上海组织"琼崖青年社"，创办《琼崖新青年》。其他在沪琼崖青年还创办了《海南潮》（旬刊），许侠夫、林基、叶文龙、陈序经创办《琼崖旅沪学会月刊》和《南语》（季刊）等。杨善集与洪剑雄等一批优秀学生在广州组织"琼声周报社"出版《琼声周刊》，以"改造社会"为宗旨，成立"海外品学观摩会"，出版会刊《觉觉》杂志。由于经费和人员变动等原因，这些留学生创办的刊物大多出版期数不多，《琼声周刊》出版过21期，《海南潮》旬刊仅出版了6期，《觉觉》年刊出版了两期。❷

这些刊物大多宣传革命思想，但是各种思想良莠不齐，无政府思潮和改良主义也有体现，"这些刊物的共同点是'讨论社会问题的文章很多'，但对于现今政治的态度没有一定方针。"❸民国社会激烈动荡，很多历史材料没能保存下来，上述三种期刊也未能幸存。

---

❶ 徐成章. 本报之经过［G］//中共海南省委党史研究室. 琼崖大革命史料选编. 海口：［出版者不详］，1994：3-8.

❷ 刑谷宜. 琼崖早期革命报刊［J］. 海南大学学报（社会科学版），1986（2）.

❸ 杨善集. 对于一九二三年琼崖出版界之评论［J］. 新琼崖评论，1924（1）.

万幸的是，杨善集在《新琼崖评论》第一期曾经发表了一篇《对于1923年琼崖出版界之评论》一文，留下了关于上述三种刊物的若干情况。对于《琼声周刊》，杨善集评论说："它的言论很能自由，出版至今共21期，内容也颇丰富，这是它的优点，但对于现今政治的态度，没有一定的方针，有一半文章迷信学者不参与政治的主张，所以言论没有一致，破坏有余，而建设很少，这是它忽略政治问题的缘故，也是没有深晓三民主义的缘故。"对于《海南潮》，杨善集指出："内容弱于《琼声》，只是对于政治方面，也同《琼声》一样没有贯彻的主张。"对于《觉觉》，杨善集指出："它的内容都带有品学的色彩，颇重知行并重的学说，这是它的好处。"但是，关于它的缺点，杨善集也是直言不讳："但当今是什么时代？是坐谈道义、感化风俗的时代吗？政治纷乱，还能从从容容去修养品学吗？"对于《南语》季刊，杨善集在《新琼崖评论》第七期曾经发表了《介绍南语季刊》一文，对《南语》给予高度评价。他指出："《南语》是有主义的季刊，《南语》不但是有革命精神，尤其有贯彻的主张，这就是他们明了主义，它在进行世界革命的工作，主张马克思派的共产主义，在中国革命的工作上，主张孙中山派的三民主义。"❶

《觉觉》代表的是一种改良主义的路线，杨善集指出了它的不切实际，这表明在当时琼崖青年学子中，思想活跃，各种思潮激荡着，马克思主义要脱颖而出，势必要有一场激烈的思想论战。"但也有少数受国民党右派邹鲁等的欺骗利用，走入歧途，引起海南游学广州

---

❶ 杨善集. 介绍南语季刊[J]. 新琼崖评论, 1924 (7).

学生内部的复杂斗争。"❶ 果然，以杨善集为代表的共产党人和以陈骏业为代表的改良主义者就爆发了"品学与政治之争"，这是马克思主义与改良主义者第一次正面交锋，经过这次思想论战，大部分的琼崖青年都抛弃了改良主义道路，拥护马克思主义，很多青年学子加入中国共产党，马克思主义成为琼崖青年学子的主流思想。

3. 仲恺农工学校与马克思主义的传播

除了报纸杂志的传播，一些共产党人还通过开办学校的方式传播马克思主义，如琼崖嘉积农工职业学校（后为纪念廖仲恺改为琼崖仲恺农工学校）等。开办这所学校的初衷是培养革命骨干。"鉴于当时琼崖党组织还没有成立，而革命形势的发展又需要大批骨干分子，于是，罗汉决定创办农工学校，作为发展党员和培养工农骨干的重要阵地。"❷ 这所学校开琼崖教育之先河，特色之一就是这个学校是半工半读性质的学校，学生既要学习又要参加劳动自食其力。这所学校的学生既要上专业课也要系统地学习马克思主义理论。"在政治理论课中开设了《共产党宣言》、唯物史观、社会发展史等。"❸ 学校的办学方针以马克思主义为指导，体现了马克思主义的立场、观点和方法，"校门两侧还写了'劳工神圣''男女平等'等标语口号。"❹ 仲恺农工学校的开办，对周围的群众也产生了巨大的影响，扩大了马克思主义的影响力。"每到星期六晚上，他们就在校门口外

---

❶ 郭儒灏. 五四运动前后的海南青年运动 [J]. 琼岛星火，1983（10）.
❷ 琼崖仲恺农工学校 [J]. 琼岛星火，1982（9）.
❸ 王朝赟，符世贤. 马克思主义在海南的早期传播 [J]. 海南大学学报（社会科学版），1985（1）.
❹ 琼崖仲恺农工学校 [J]. 琼岛星火，1982（9）.

的草坪上演出一些自编的节目。当时周围的群众纷至沓来,争相观看。这些节目宣传革命主张,激励人们为自由、为解放而战,深受广大群众的欢迎。"❶

4. 多种形式传播马克思主义和革命新思想

为了开启民智,宣传革命思想,琼崖青年知识分子想尽各种办法,扩大革命思潮的影响力。琼崖地处中国南海,消息闭塞,为了让更多的人民了解外部世界和革命思想,徐成章等人创办了平民书社,购买大量内陆出版的革命报刊,这些宣传革命的刊物受到群众的欢迎。"每当省、港、京、沪等报纸派到时,书社座无虚席。"❷书社购买的刊物有:上海的《时报》《琼崖青年》,北京的《晨报》《向导》《新青年》《每周评论》《琼岛魂》,广州的《民国日报》,香港的《大光报》《东方杂志》。《晨报》副刊是宣传马克思主义的重要阵地,"作为民国初年的'四大副刊'之一的《晨报》副刊,是马克思主义在中国早期传播的主要阵地之一。"❸《向导》和《新青年》是中国共产党出版的革命刊物,这些刊物在琼崖的流通,对于促进革命思潮的发展和马克思主义在琼崖的传播,起到很大的作用。

琼剧是琼崖本地戏剧品种,在海南本地有很深的历史积淀,深受广大群众的喜欢。为了更接地气地宣传新思想,共产党人徐成章等人改良琼剧,把爱国主义和革命思想通过琼剧的编演表达出来,以喜闻乐见的方式宣传反帝反封建的思想。"徐成章等人组织学生剧

---

❶ 琼崖仲恺农工学校 [J]. 琼岛星火, 1982 (9).
❷ 海口早期革命运动点滴 [J]. 琼岛星火, 1982 (9).
❸ 耿春亮.《晨报副刊》与马克思主义在中国的传播(1918—1926)[D]. 北京: 清华大学, 2015.

团到农村乡镇演新戏，宣传反帝反封建，宣传爱国主义。当时演出的新剧目有《大义灭亲》《爱国学生郭钦光》《蔡锷出京》《灭种婚姻》《破除旧礼教》《爱国女秋瑾》《新生鬼》等。"❶

通过办报、发展平民剧社、改良琼剧和开办农工学校，马克思主义开始在琼崖大地广泛传播。由于封建军阀的残酷压迫和琼崖本地居民的知识文化水平的差异，这一时期在琼崖传播的马克思主义，以理论介绍为主，较少关于马克思主义经典著作的义理分析，更多的是一种革命理论的宣传及民主和自由观念的普及。在当时积贫积弱的中国，迅速行动起来挽救民族危亡是迫在眉睫的，因此没有多少坐而论道的时间。京沪地区作为文化发达地区，聚集了一些如李大钊、陈独秀、胡适等中国最优秀的知识精英，因此，在北京，知识分子对马克思主义比较了解，时常爆发论战，如在京学者"陈启修与张奚若是'联俄与仇俄'之争的主将，双方均发表数篇针对对方观点的论文"❷。与之相比，文化落后的琼崖地区，传播马克思主义的主体是青年学生，他们没有留学欧洲的经历，对于起源于西方社会的马克思主义了解得也不够深入，他们主要通过在内陆求学获得革命理论知识，再向琼崖地区传播，因此，从传播学的角度，琼崖地区处于马克思主义在中国内陆传播的边缘地带，其传播深入程度与位于中心地区的北京、上海和湖南、湖北地区有一定的差距。因为传播核心地理空间由近及远，其传播的效果是递减的。传播的主体与内陆比起来，这批青年学子更加年轻有活力，但是不足的是

---

❶ 肖焕辉. 海南人民的早期革命斗争［J］. 琼岛星火，1980（2）：1-25.
❷ 耿春亮.《晨报副刊》与马克思主义在中国的传播（1918—1926）［J］. 北京：清华大学学报，2015（6）.

对马克思主义的研究不够深入,他们属于李大钊、瞿秋白、恽代英等中国马克思主义早期传播者的学生。从传播对象看,当时琼崖地区人民识字率不高,其文化普及程度也不如内陆的北上广和两湖地区,因此,考虑到受众对象,这一时期马克思主义在琼崖的传播只能是以入乡随俗、通俗易懂的方式进行。这一阶段马克思主义传播的主要任务是启蒙,"他们还深入城乡,帮助工人办夜校,帮助农民办平民学校,教工农识字,向工农宣传革命道理,开始走与工农相结合的道路。"❶ 因此,马克思主义在琼崖传播的初期,以介绍为主,传播的不是狭义学术型的马克思主义,而是广义的理念型的马克思主义,以人为本、自由平等、社会公正这些马克思主义的价值内核与革命理论的宣传结合在一起,通过报纸、杂志、琼剧、开办学校等方式,一步步促进了琼崖人民的觉醒,也为下一步马克思主义在琼崖的大规模集中传播做了思想准备。

2.1.2 大革命时期马克思主义在海南的集中传播(1924—1926)

1.《新琼崖评论》与马克思主义的传播

1924年1月中国国民党"一大"的召开,标志着中国国民党改组和国共合作的完成。这一重大历史事件对马克思主义在琼崖的传播影响是深远的。一是国共合作意味着马克思主义在广东传播是合

---

❶ 邢谷宜,陈泰义. 知识分子在琼崖早期革命斗争中的历史作用[J]. 海南大学学报,1986(3).

法的，虽然琼崖还处于邓本殷的控制之下，但是求学广州的琼崖青年学子的政治环境比以前改善不少。二是在国共合作之前，在外游学的青年学子传播革命思想和马克思主义，处于自发状态，各自观点也有差异；国共合作之后，经过一般论战，马克思主义成为主流思想，而且以《新琼崖评论》杂志为中心，在广东区委的领导下，运用统一战线的理论，游学各地的青年学子开始走向联合，各地青年团体最终组成了"琼崖革命同志大同盟"，改变了过去各自为战的状态。三是国共合作之后，琼崖青年学子宣传马克思主义的态度更加鲜明，传播的内容比前一阶段更为深入。"一九二四年是第一次国共合作时期，当时留穗、留沪、留京的海南先进青年创办的刊物更多了。宣传马克思列宁主义的态度更鲜明了。"❶ 以《新琼崖评论》的出现为标志，马克思主义在琼崖的传播进入集中传播期。

　　游学在外的青年学子所办的刊物，影响最大的是徐成章、周士第、洪剑雄创办的《新琼崖评论》。有学者指出，"《新琼崖评论》是海南革命报刊的领头雁。"❷ 这一评价是合乎实际的。《新琼崖评论》之所以能在琼崖马克思主义传播史上产生巨大影响力，有以下五个因素。一是它是社会主义青年团广东区委的外围组织——"琼崖少年同志会"在广州创办的一个宣传国民革命运动的刊物，❸ 与一般游学青年学子出版的刊物相比，《新琼崖评论》作为中国共产党领导出版的刊物，政治态度更加鲜明，马克思主义立场更加坚定。

---

❶ 王朝赞，符世贤. 马克思主义在海南的早期传播［J］. 海南大学学报（社会科学版），1985（1）.
❷ 陈立超.《新琼崖评论》：海南革命报刊的领头雁［N］. 海南日报，2016-07-18.
❸ 陈永阶. 新琼崖评论简介［J］. 琼岛星火，1989（18）.

二是以《新琼崖评论》为核心，上海"琼崖新青年社"、南京"琼崖青年社"以及北京"琼岛魂社"等团体组成了统一战线组织——"琼崖革命同志大同盟"，使得琼崖革命青年有了统一的领导，思想更加统一，也为琼崖革命接下来的发展培养了大量人才。三是《新琼崖评论》使马克思主义在琼崖的传播更加深入人心。与前一阶段的普及性传播相比，《新琼崖评论》的很多理论文章涉及马克思主义的阶段斗争理论、唯物史观等内容，并且在《新琼崖评论》中开展的杨善集与陈骏业关于品学与政治之争，是琼崖版的"问题与主义"之争，论战使马克思主义在琼崖的传播更加深入，对广大青年抛弃改良主义的道路，坚定马克思主义改造琼崖的方向起了重要作用。四是《新琼崖评论》出版的期数也比较多，共出版了30期，相比于琼崖其他宣传马克思主义的刊物，出版时间是比较长的，如前所述，《琼声周刊》出版了21期，《海南潮》旬刊仅出版了6期，《觉觉》年刊出版了2期。南京的《琼崖青年》仅与民众见面一次，该刊负责人黄声渠、李嘉平便被帝国主义扶植的军阀齐夔元逮捕。❶ 五是这个刊物的创办者和撰稿人大都是最优秀的琼崖青年学子，以洪剑雄、杨善集、徐成章、徐天柄、王文明为代表的撰稿人是当时琼崖青年知识分子团体的核心和中坚力量，他们不但传播马克思主义，更是在以后的革命岁月中做到了知行合一，用青春和热血践行着自己心中崇高的信仰。在《新琼崖评论》的撰稿人为主体的基础上，1926年6月，中国共产党琼崖"一大"召开，从此，中国共产党人就有组织地扎根在这个海岛上直到大军解放海南。《新琼崖评

---

❶ 刑谷宜. 琼崖早期革命报刊 [J]. 海南大学学报（社会科学版），1986（2）.

论》的横空出世为中国共产党在琼崖的发展奠定了思想基础和组织基础，堪称琼崖版的《新青年》。

1925年成立的"琼崖革命同志大同盟"，创建出版了《琼崖革命同志大同盟盟刊》。该刊物为不定期刊物，在1925年4月7日成立大会发表的《琼崖革命同志大同盟成立宣言》中，青年学子运用马克思主义的基本原理，分析了琼崖社会落后的根源在于帝国主义的侵略和封建军阀的压迫，该宣言并不只是泛泛而谈，更是指出改造琼崖的行动方案，具有很强的操作性。宣言的第四部分"本同盟与琼崖现状及所取之策略"具体阐明了十四条策略，都是具体问题的对策，如（八）以最短时间完成交通事业（如水运、陆运、航空、电信等）。（九）开发实业（如林、渔、盐、矿业等）以裕国民生计。（十）以电气化改造农业，以提高农民的经济。（十一）打破绅士式、教会式教育及收回教育权。❶ 宣言的发表标志着马克思主义在琼崖的传播从单纯的传播转向传播与实践共同发表，而这本身也正是马克思主义的实践本质决定的。"哲学家们只是用不同的方式解释世界，问题在于改变世界。"❷ 组建革命团体，提出革命策略，琼崖的革命青年已经不满足于用马克思主义的思想武器去"解释世界"，而是要去"改变世界"，推翻邓本殷的反动统治，解除琼崖人民的压迫。

2. 革命青年的演讲传播马克思主义

马克思主义在琼崖集中传播期间，除了报刊传播外，一些革命

---

❶ 琼崖革命同志大同盟宣言［G］//中共海南省委党史研究室. 琼崖大革命史料选编. 海口：[出版者不详]，1994：270-275.

❷ 马克思恩格斯选集：第1卷[M]. 北京：人民出版社，1995：57.

第2章 马克思主义在海南的传播

青年利用返乡之际，面对青年学子和父老乡亲，利用登台演讲的方式，现身说法，传播马克思主义，由于演讲特有的现场感，这样的传播方式效果是非常明显的。1925年冬，26岁的留苏学生、共产党员冯平同志回到文昌市东路镇美德村探亲，并在育民学堂向村民介绍苏联见闻，宣传列宁领导的十月革命，号召大家起来闹革命，砸烂旧世界，建设新世界。❶琼崖地区党的创始人之一杨善集，在琼崖做过《人类社会进化史及其公例》《世界现状及其趋势》《中国国民革命的过去、现状与将来》《革命人生观》《苏俄革命成功后，青年思想分析》等演说；其他党的干部和骨干也多次做过演讲，如许侠夫做过《怎样做一个革命青年》《怎样纪念孙中山》等演讲。❷这些演讲，不但现场收到了很好的效果，许侠夫演讲的文字稿还发表在《现代青年》上，进一步扩大了传播的效果。许侠夫在《怎样做一个革命青年》的演讲中指出，成为革命青年有四个关键要素。第一，要有坚定的革命主义的信仰，革命青年的先决问题，必须坚定信仰的革命主义。第二，要参加革命团体。第三，要能领导群众。第四，要有牺牲、奋斗的精神。❸许侠夫所说的信仰，就是马克思主义信仰，革命团体就是中国共产党，群众路线是中国共产党的基本路线，奋斗牺牲的精神是共产党人应有的精神气质。穿越历史的时空，这篇演讲的观点仍然很有价值，他完整地阐明了革命者的信仰、团体、

---

❶ 王朝赞，符世贤. 马克思主义在海南的早期传播 [J]. 海南大学学报（社会科学版），1985 (1).

❷ 苏盾. 大革命时期马克思主义在海南大众化的路径 [C] //中共琼崖一大旧址管理处. 竹林里风雷——中共琼崖一大学术研讨会论文选. 北京：中共党史出版社，2009.

❸ 许侠夫. 怎样做一个革命青年 [G] //中共海南省委党史研究室. 琼崖大革命史料选编. 海口：[出版者不详]，1994：474 – 476.

路线和精神气质，是传播马克思主义的一篇优秀的经典文献。革命者的演讲，受到了学生的好评，深深地影响了他们的世界观，促使更多的青年人走上马克思主义的道路。"学生都说，听一次报告，胜读几年书。"❶

3. 革命实践对马克思主义的传播

没有革命的理论就没有革命的实践，经过一段时期革命理论和马克思主义的传播，琼崖人民开始觉醒，琼崖大地开始闪现一线曙光。1924年至1926年集中传播时期的一个特点就是，在马克思主义传播的过程中，人民群众改变了过去被动接受的局面，而是主动参加中国共产党领导的革命实践，集中传播阶段是传播和实践相互渗透的阶段，两者相互促进、相得益彰。广大人民群众在参加革命实践的过程中感受到马克思主义的真理性，进一步坚定了他们走马克思主义的道路改造琼崖的决心。1924年至1926年马克思主义在琼崖集中传播时期的两次反帝爱国运动，极大地调动了人民群众参与的积极性，宣传了革命思想，促进了马克思主义的传播。1924年4月，为了筹措军费，邓本殷不惜以琼崖矿产和森林资源作为抵押，向美国借款3000万美元。消息传出，立即引起琼崖人民的愤怒，因为人民群众很清楚邓本殷此举的目的"名为举办实业，实则希图募兵购械，并戕杀我人民，贻祸我国家"❷。经过马克思主义的传播与革命思想的洗礼，琼崖人民不再沉默，在第六师范的党员的领导下，琼

---

❶ 海口市党史研究室. 中共琼崖一大研究资料选编［G］. 海口：［出版者不详］，2009：212.

❷ 陈布公，钱亦能，梁学光，等. 邓本殷借款详细情形［G］//中共海南省委党史研究室. 琼崖大革命史料选编. 海口：［出版者不详］，1994：294-295.

崖学联派出陈辛劳、赵亦能赴香港向全国发出通电，揭露邓本殷卖国行径，大会还通过了八条措施，组织"反对借款救亡团"❶。琼崖人民反对邓本殷出卖资源的正义之举，得到了全国人民的支持，邓本殷在全国人民特别是琼崖人民的激烈反对下，终止了该借款计划，琼崖人民的反帝爱国运动取得了胜利。反对邓本殷借款的爱国运动，极大传播了反帝爱国思想，活动取得的胜利更是体现了马克思主义群众路线的真理性。另一场反帝爱国运动持续时间更久，影响更加深远，就是琼崖人民在中国共产党的领导下，声援支持上海"五卅惨案"省港大罢工，参与封锁香港的活动。"在琼人民尝发起外交后援会，组织援助五卅团，取同一致行动，与英实行经济绝交。"❷ 琼崖人民参与封锁香港的同时，还积极开展募捐，筹集资金支持省港大罢工的工友。"工友已为我们立下了这么大的功劳，我们何忍坐视其挨寒挨饿单独奋斗，我们若是有点良心，我们便决不采取旁观的态度，我们须一致起来拥护这次罢工，并宜解囊输捐，尽力援助。"❸ 省港大罢工封锁香港，引起了英帝国主义的恐慌，盘踞琼崖的军阀邓本殷，与帝国主义沆瀣一气，千方百计接济香港，破坏省港大罢工。因此琼崖人民的反帝爱国运动与反对邓本殷的运动是共同进行的。琼崖人民痛斥邓本殷破坏爱国运动的可耻行为，请求国民政府派兵讨伐邓本殷。"邓本殷除为陈炯明作响应图功广州外，近复受英帝国主义者之利诱，接济香港伙食，摧残爱国学生，破坏省

---

❶ 王业隆. 六师的学生运动 [J]. 琼岛星火, 1983 (10).
❷ 琼崖锁港纠察委员会封锁香港宣言 [G] //中共海南省委党史研究室. 琼崖大革命史料选编. 海口：[出版者不详]，1994：405-406.
❸ 琼崖援助省港罢工委员会告各界书 [G] //中共海南省委党史研究室. 琼崖大革命史料选编. 海口：[出版者不详]，1994：438-439.

港罢工运动，间接破坏全国民族革命运动，琼崖人民为民族革命前途计，应请政府将此害民卖国军阀邓本殷刻即肃清。"❶ 琼崖人民参与省港大罢工的封锁香港的活动，改变了琼崖人民孤岛奋战寻求解放的局面，琼崖人民反抗邓本殷的斗争与广东全省乃至全国的革命斗争联系在了一起。这次反帝爱国运动持续时间长，参与的阶层广泛，极大地教育了广大民众，斗争一直坚持到1926年1月国民革命军收复琼崖。1926年2月1日，国民革命军第十一师政治部于海口总商会召开工农兵学商各界联合会议，讨论封锁香港事宜，当场选出工界代表三人、学生代表二人成立琼崖锁港纠察委员会。❷ 封锁斗争持续了9个月，影响遍及琼崖各地，民众革命热情日益高涨。

2.1.3 中共琼崖地委成立之后的有组织传播（1926—1938）

1. 国共合作时期的马克思主义的传播

国民革命军收复琼崖之后，革命形势发展很快，一批共产党员和革命青年跟随国民革命军来到琼崖，他们利用国共合作的有力局面，建立中国共产党的基层组织。1926年6月，中国共产党琼崖"一大"召开，从此琼崖革命进入一个新的阶段。1922年共产党人罗汉等人在琼崖曾经组织社会主义青年团，但是由于邓本殷反动统治的干扰破坏，该组织人数不多，未能发挥更大作用，"共集合六人

---

❶ 琼崖革命同志大同盟第二次代表大会讨邓本殷议决案［G］//中共海南省委党史研究室. 琼崖大革命史料选编. 海口：[出版者不详]，1994：344-345.

❷ 吴坤旺. 琼崖人民援助省港大罢工［M］//海口文史资料：第四辑. 海口：[出版者不详]，1987：62-68.

第2章 马克思主义在海南的传播

始言及团体组织。其中，罗汉、鲁易（书记）、李实、吴明均任教员，徐成章及徐天柄在军队中，各能作一定活动。"❶ 当时的青年团体，人数仅6人，活动环境也非常险恶，因此，只能慢慢集聚革命的星星之火。1926年6月中共琼崖地委的成立，使马克思主义在琼崖的传播与实践有了领导核心，马克思主义在琼崖进一步传播的同时进入实践阶段。

2. 创办报纸杂志宣传马克思主义

自1926年2月国民革命军收复琼崖到1927年4月蒋介石叛变革命，国共合作的有力局面使马克思主义在琼崖得到了合法传播的机会。中国共产党人与国民党人共同合作，创办了《琼崖民国日报》，该报纸主要宣传革命思想，"宣传新的三民主义，提出反对帝国主义、打倒贪官污吏、打倒土豪劣绅的口号，强调国共合作。"❷ 由于《琼崖民国日报》是国民党党部在琼崖的机关报，为了国共合作的大局，虽然报刊的编辑是共产党人罗文淹，但是《琼崖民国日报》还不能直接宣传马克思主义和中国共产党的主张。为了解决这一困境，时任中共琼崖地委宣传部部长的许侠夫另辟蹊径，创办了面向普通百姓的《扫把》旬刊，由国民党左派陈公仁主编的《路灯》半月刊和面向青年学生的《现代青年》三个刊物。《扫把》旬刊是琼崖文化史上的一大创举，由于它是用琼崖方言撰写，因此深受琼崖人民的喜爱。由于经费有限加上琼崖缺乏印刷设备，《扫把》旬刊采取油印方式出版，发行量300份到500份。虽然它印刷并不精美，但是

---

❶ 吴明. 吴明给光亮的信 [G] //中共海南省委党史研究室. 琼崖大革命史选编. 海口：[出版者不详]，1994：44-47.

❷ 刑谷宜. 琼崖早期革命报刊 [J]. 海南大学学报（社会科学版），1986 (2).

它宣传共产主义，反对富人对穷人的压迫，"号召人民团结起来，打倒帝国主义和封建主义，拿起扫把扫除贪官污吏以及一切烟赌偷抢等社会污秽的东西。"❶

青年是未来和希望，中共琼崖地委成立之后，非常重视向青年宣传马克思主义，《现代青年》就是针对青年学生的宣传刊物。琼崖革命先驱杨善集曾经在《现代青年》第二期上发表《革命杂话》，该文分析了琼崖青年苦闷而迷茫的社会根源，指出只有革命才能真正实现人生价值，"只有根本上跑去做革命，才能改造社会与救出自己，那时便有一点真事可做。"❷ 在这篇文章里，杨善集还以自己的经历现身说法，介绍了自己选择革命道路，成为现代青年的心路历程。他特别指出，苏联学习之旅对自己影响很大，使自己确立了成为现代革命青年的关键。"驻俄年余，四方游览，此时才将革命的人生观巩固起来；善集已非仅是琼崖的青年而已，已自居为现代的青年了。"❸

3. 创办平民教育宣传马克思主义

马克思主义认为，人民群众是历史的创造者，因此，马克思主义在琼崖传播，不能仅限于青年知识分子团体，关键是要实现马克思主义大众化，让人民群众掌握马克思主义这个强大的精神武器。为了实现马克思主义在琼崖的深入传播，中共琼崖地委成立后，马上着手革命教育，创办平民学校，宣传革命思想。为了办好平民学

---

❶ 刑谷宜. 琼崖早期革命报刊 [J]. 海南大学学报（社会科学版），1986（2）.
❷ 杨善集. 革命杂话 [G] //中共海南省委党史研究室. 琼崖大革命史料选编. 海口：[出版者不详]，1994：467－469.
❸ 同❷.

校，还设立专门的指导机关，各市县都设置了平民教育委员会。为了交流平民教育办学经验，琼崖地委领导的琼崖文化运动的刊物《现代青年》在第十二期全刊发表了"平民运动专号"❶。平民教育的发展，一方面促进了知识分子与基层民众的结合，另一方面促进了工农群众的觉醒。平民教育运动在帮助工人农民识字的同时，宣传革命道理。平民学校宣传马克思主义无神论思想，提倡男女平等，改造农村赌博和贩卖鸦片等恶习。平民学校对琼崖妇女的影响最大，她们在"男女平等，婚宴自由"的宣传教育下，勇敢向封建宗法思想发动挑战，"她们冲出家庭，投进社会，和男子一起上夜校，斗土豪劣绅，站岗放哨，开会演戏，参加了就一起活动。"❷琼崖妇女创建了举世闻名的女子军特务连，和琼崖平民教育有很大的关系。平民教育解放了妇女的思想，使她们走上追求自身解放的道路。

4. 面向青年传播马克思主义

中共琼崖地委成立之后，革命运动的发展需要各类骨干分子，为了推动革命工作的开展，必须加大骨干分子的培训力度。青年学生具有一定的知识文化水平，年轻富有朝气，有理想主义，容易接受新思想。因此，琼崖党团特别支部派陈垂斌、罗文淹、陈公仁到琼崖最高学府广东省第六师范工作。党员教师利用集会、上课之际向青年学子灌输社会主义思想，宣传孙中山先生的"三大政策"。他们还深入学生宿舍和学生谈心，解决青年学子的困惑。青年学子革命热情很高，但是毕竟涉世未深，对参加革命的风险和牺牲充满了

---

❶ 刑谷宜. 第一次国内革命战争时期的琼崖平民学校 [J]. 琼岛星火，1985（15）.
❷ 同❶.

疑虑。许侠夫鼓励青年学子"革命就不要怕牺牲，苏联就是死了许多人才取得成功的，不流血是不可能取得胜利的"❶。

中共琼崖地委举办面向青年骨干分子的短训班，传播马克思主义理论和革命思想。毛泽东同志指出："正确的路线确定之后，干部就是决定的因素。"1926年暑假，中共琼崖特委在广东省第六师范举办青年骨干讲习班，由杨善集、许侠夫、罗文淹主讲。讲习班的主要内容是国民革命的发展形势和必要性，还教唱《少年先锋》和《国际歌》。❷

5. 土地革命战争时期的马克思主义传播

1927年4月12日，蒋介石发动反革命政变，10天之后驻琼崖的黄镇球也对琼崖的共产党人举起了屠刀。据统计，在事变中全岛被捕的共产党员、革命群众2000余人，被杀害500余人。❸敌人的屠杀，只能吓跑意志不坚定的跟随者，真正的革命者面临生与死的考验却能像暴风雨中的海燕一样迎难而上。中国共产党琼崖地委面对敌强我弱的局面，及时地从城市转移到了农村，开始以武装暴动和土地革命反击国民党反动派。土地革命时期，为了宣传党的路线方针，宣传马克思主义，中共琼崖地委继续创办报纸加强对群众的宣传，还利用发布告的形式加大对群众的宣传力度。

土地革命时期宣传马克思主义的报纸主要有中共琼崖地委创办的《琼崖红旗报》，这是琼崖地委宣传部的机关报，它诞生在残酷的战争环境和工业落后的琼崖。不具备印刷的条件，就通过土纸油印

---

❶ 王业隆. 六师的学生运动[J]. 琼岛星火, 1983（10）.
❷ 同❶.
❸ 中共海南省委党史研究室. 中国共产党海南历史：第一卷[M]. 北京：中央党史出版社，2007.

出版小册子，从 1930 年 7 月到 1932 年 1 月 5 日，共出版了 15 期。❶
《琼崖红旗报》主要宣传党的路线方针、政策，第一期曾发表冯白驹同志的文章《琼崖群众对琼崖苏维埃第二次代表大会应有的认识》，文章指出："琼崖苏维埃政府是琼崖工农兵以及一切劳动群众的政府，她代表工农兵以及一切劳苦群众的利益。"❷ 文章号召琼崖人民应当动员起来，武装起来，在苏维埃的旗帜下没收地主阶级的土地，发展苏维埃区域，建立苏维埃政权，扩大红军，发展群众武装。《琼崖红旗报》除宣传党的路线方针政策外，还报道一些信息，如江西红军第三次反围剿胜利的消息，宣传反对日本帝国主义侵略东三省等。除《琼崖红旗报》外，在中共琼崖特委领导下还出版了《工农兵报》《布尔什维克的生活》《团的生活》和《赤光报》。这些诞生在战火纷飞年代的宣传刊物，由于残酷的战争环境，出版条件很简陋，大都是土纸油印，保存至今的很少。但是在革命战争年代，它出色地完成了宣传马克思主义和党的路线方针政策的使命。

6. 利用布告与告群众书宣传马克思主义

中共琼崖地委领导的革命武装和苏维埃政府大都在农村，战争年代物资缺乏，在这种条件下，出版正式的出版物是非常困难的。但是革命形势的需要又决定了宣传工作一刻也不能停止，因此，一种面向群众简明扼要的宣传方式——布告就发挥了重大作用。布告这种宣传方式，不需要印刷设备和出版用的纸张，大都张贴在交通

---

❶ 刑谷宜. 琼崖早期革命报刊 [J]. 海南大学学报（社会科学版），1986（2）.
❷ 冯白驹. 琼崖群众对琼崖苏维埃第二次代表大会应有的认识 [G] //中共广东省海南行政区委员会党史办公室，海南行政区档案馆. 琼崖土地革命战争史料选编. 海口：[出版者不详]，1987：403.

便利、人流量大的集市，群众围观之后口口相传，即可达到广而告之的目的。土地革命时期的布告宣传，利用一些重大事件和纪念日，以布告的形式宣传启发群众，广造革命舆论和传播马克思主义。1930年1月15日，是德国无产阶级的青年群众领袖卡尔·李卜克内西和罗莎·卢森堡殉难一周年的纪念日，1月21日是世界革命导师列宁逝世六周年纪念日。为了纪念三位著名的世界共产党人，启发群众的革命觉悟和传播马克思主义，共青团琼崖特别委员会发表了《共青团琼崖特别委员会为列李卢逝世纪念周告青年群众书》，书中指出："要避免国民党的屠杀，要避免资产阶级改良主义的欺骗，只有努力起来了解和实现列宁主义。因为列宁主义是我们自己解放的唯一武器，同样是消灭帝国主义、国民党军阀和一切的压迫阶级的唯一武器。"❶

1930年1月17日，琼崖革命早期重要领导人王文明同志病逝，琼崖苏维埃政府向群众发出《琼崖苏维埃政府为王文明同志逝世告群众书》，号召群众"一致起来，继续他的未竟之志，打起万二分的精神，扑灭一切帝国主义、国民党军阀、豪绅地主、资产阶级的反动势力，夺取琼崖，完成工农革命"❷。

1930年11月7日，为了纪念伟大的俄国十月革命，红军第二独立师发表了《红军第二独立师为十月革命纪念告群众书》，书中指出："我们纪念十月革命，应该认识十月革命的伟大和胜利，是开辟人类历史的新道路，是建立苏维埃的新纪元，它在世界革命历史上

---

❶ 共青团琼崖特别委员会为列李卢逝世纪念周告青年群众书［G］//中共广东省海南行政区委员会党史办公室，海南行政区档案馆.琼崖土地革命战争史料选编.海口：[出版者不详]，1987：382.

❷ 琼崖苏维埃政府为王文明同志逝世告群众书［G］//中共广东省海南行政区委员会党史办公室，海南行政区档案馆.琼崖土地革命战争史料选编.海口：[出版者不详]，1987：384.

占了最大、最光荣的第一页。"❶ 除了以上布告外，中共琼崖特委还发布了关于广州暴动、沙基惨案、琼海学潮等热点事件告群众书，苏维埃政府也发表了大量的布告、通令、通告，宣传党的路线方针和政策。布告面向群众，不能长篇大论，但是一些布告的内容不会因为它简明扼要的表达而丧失它的历史价值。如前所述，布告的很多观点是非常深刻而有指导意义的，如中国革命必须走列宁主义的道路，对十月革命的评价等。布告宣传虽然简陋，但是在土地革命时期发挥了重大作用。

2.2 《新琼崖评论》与马克思主义在海南的传播

如前所述，限于琼崖残酷的政治环境和落后的工业条件，很多宣传马克思主义的报纸杂志要么出版的时间较短，要么是土纸油印保存困难。因此，要深入研究马克思主义在琼崖的传播，分析具体传播文本显得十分困难，巧妇难为无米之炊。幸运的是，作为琼崖宣传马克思主义的领头雁——《新琼崖评论》却难能可贵地在海南省档案馆得到完整保存，成为可供研究的珍贵历史材料。中山大学的陈永阶曾经选编了部分《新琼崖评论》的文章，内部发行了《琼崖革命先驱者文集》。《中共琼崖一大研究资料选编》也选编了部分《新琼崖评论》的文章。作为琼崖地区宣传马克思主义最重要的党史

---

❶ 红军第二独立师为十月革命纪念告群众书［G］//中共广东省海南行政区委员会党史办公室，海南行政区档案馆．琼崖土地革命战争史料选编．海口：[出版者不详]，1987：411．

资料，部分选编的方式不利于整体研究，本书拟在海南省档案馆完整 30 期《新琼崖评论》的基础上展开研究，全面分析其文本内容，并与其他地区类似宣传马克思主义的刊物，如《湘江评论》，做比较研究，由此得出马克思主义在中国传播的地区差异，分析马克思主义在琼崖传播的特殊性。

2.2.1 《新琼崖评论》的基本情况

《新琼崖评论》是社会主义青年团广东区委的外围组织——琼崖少年同志会在广州创办的宣传国民革命运动的刊物。一个为改造琼崖摇旗呐喊的刊物不是诞生在琼崖而是在广州，有其特殊的历史背景。琼崖在 1926 年国民革命军收复之前，盘踞着封建军阀邓本殷的部队。邓本殷为了维持其反动统治，一直对琼崖人民进行敲骨吸髓式的残酷统治，而此时广东大地已经是革命思潮风起云涌。为了苟延残喘和遏制革命思潮，1923 年下半年，邓本殷下令解散琼崖学联，取缔学生运动，查封了一批宣传革命的报刊。在这种严酷的政治环境下，经过五四运动洗礼的琼崖青年学子纷纷赴国内其他地区求学，寻找改造琼崖的革命真理。作为广东省省会的广州市，当时不但是国民革命的中心，也是距离琼崖最近的大都市，因此，在此求学的琼崖青年学子最多，有 700 多人。为了团结革命青年一致行动，在广东党团区委的领导下，琼崖青年学子组成了"琼崖少年同志会"，并且组织"新琼崖评论社"作为公开的言论机关。《新琼崖评论》于 1924 年 1 月 1 日创刊，开始为半月刊，自第 25 期改为月刊，改为月刊的原因是当时主要撰稿人都投身火热的大革命实际斗争中去了，

第 2 章 马克思主义在海南的传播

从 1924 年 1 月 1 日至 1925 年 5 月 15 日共出版了 30 期。[1]《新琼崖评论》办刊经费由社员承担，入社每人交社金一元，社员入社条件是"真有革命思想之琼崖国民党党员皆可为本社社员"。第一期刊物启事中说明，本刊物为非卖品、无定价，以赠阅为主，"欲阅者，函索即寄，但每期应寄来邮票半分。"编辑部设书记、编辑、校对、发行、理财 5 部，部主任任期 3 个月，每季度民主选举一次。由于诞生在国共合作的特殊背景下，《新琼崖评论》不能公开宣传马克思主义，其社员也不全是共产党员，但是编辑部主任始终由共产党员担任，这就保证了整个刊物的革命方向。《新琼崖评论》出版时间长、影响大，原因是多方面的，主要有两条。一是严密的组织。《新琼崖评论》是先组社团，再出刊物，先联络一批志同道合的琼崖青年学子组成社团，社团一方面保证了出刊有稳定的经费，另一方面也保证了有一批稳定的撰稿人和读者。二是鲜明的革命方针——国民革命。在《新琼崖评论》出版一周年之际，曾发表了上海琼崖新青年社的《祝〈新琼崖评论〉一周年纪念》文章，文章总结了以往琼崖革命报刊失败的教训："第一是没有完密的组织，基础不能稳固。第二是没有的确的主张，难得群众的同情和助力。"《新琼崖评论》吸取了前人的教训，做到了"组织完善，主张的确"。而且，它的发生还带动了其他琼崖革命报刊。"响应者四起——南京有《琼崖青年》，北京有《琼岛魂》。"文章最后高度评价了《新琼崖评论》为琼崖革命做出的突出贡献："你好像处在判官地位，做严厉的批评，把军阀士绅学界的罪状宣布出来加以攻击，为我们三百万同胞吐口

---

[1] 陈永阶. 新琼崖评论简介 [J]. 琼岛星火, 1989 (18)：179.

不平气，你真可算是琼崖的救星啊。"

2.2.2 《新琼崖评论》的文本分析

作为诞生在国共合作期间鼓吹革命的刊物，《新琼崖评论》第一期发刊词就明确了刊物的定位，就是唤醒琼崖人民的革命觉悟——"将革命的潮水涌入琼崖，洗去琼崖人民的悲痛与耻辱；作琼崖革命的号筒，呼集一班革命的群众，作革命的武器，攻击一切伪革命的以及反革命的行动。"❶ 琼崖民众信息闭塞，文化水平与内陆有一定的差距，因此，《新琼崖评论》宣传革命思想，必须通俗易懂，与一般文人骚客无病呻吟、矫揉造作的文章是截然不同的。"我们虽不是如那班新诗人矫揉造作，首首离不开他，句句掉不得爱。"❷ 由于有明确的国民革命的目标，《新琼崖评论》作为时事评论类的刊物，与当时发生的历史事件是密切相关的，它针对某一重大历史事件还会发出专刊，如反对邓本殷借款特刊，反对基督教专号，纪念孙中山先生逝世的《孙中山先生特刊》。因此，《新琼崖评论》是密切关注人民生活疾苦的，这些编辑人员也时常为不能得到一线的消息而感到焦虑。"我们最缺憾和不能使读者满意的地方就是我们通通都是远离乡里的人，对于地方上的消息多不得知，故所撰的文章，多是理想的推论，而少事实的批评。"❸ 为了多报道民间疾苦，洪剑雄呼吁

---

❶ 《新琼崖评论》第一期，原件藏于中央档案馆，复印件藏于海南档案馆，下引不重复说明。
❷ 洪剑雄."新琼崖评论"之回顾和希望[J]. 新琼崖评论，1924（10）.
❸ 同❷。

读者多向报刊提供鲜活的信息:"望爱《新琼崖评论》者,常时将琼崖现在社会上黑暗的事情和军阀、官僚、土匪压迫抢掠的悲惨事实告诉我们。"❶ 除对一些时事展开评论、开启民智外,就是对革命青年进行思想指导。马克思主义在琼崖传播的过程中曾经发生了改良主义和马克思主义的争论,为首的有陈骏业和杨善集。《新琼崖评论》通过组织争论活动,引导宣传马克思主义,批判改良主义和无政府主义思潮,为马克思主义进一步传播创造条件。因此综合分析,《新琼崖评论》是国共合作期间以宣传革命统一战线,宣传革命,开展时事评论和青年思想论战四个方面为主要内容的革命宣传刊物。"它在宣传马克思主义,扩大国民革命统一战线和培养、锻炼琼崖革命青年等方面,起到了很大的作用。"❷

翻阅 30 期完整的《新琼崖评论》,其内容大概包括以下几个方面。

1. 发表关于国民党改组的消息和评论

作为诞生在国共合作期间的宣传革命的刊物,《新琼崖评论》具有统一战线的性质,它用很大的篇幅宣传国共合作、国民党改组的消息。在第一期、第二期、第三期中还全文发布了《中国国民党党纲草案》《孙中山先生改组国民党之演说》。国共合作的统一战线促进了革命发展,也是历史的必然。在《孙中山先生改组国民党之演说》中,孙中山先生深刻总结了国民党历次奋斗没有成功的原因,孙中山先生指出,革命尚未成功的主要原因是"欠缺的人民之心力,

---

❶ 洪剑雄."新琼崖评论"之回顾和希望 [J]. 新琼崖评论, 1924 (10).
❷ 陈永阶. 新琼崖评论简介 [J]. 琼岛星火, 1989 (18): 179.

当时中国人民不赞成革命，多数人民不为革命而奋斗，导致革命如无源之水，无根之木"❶。孙中山先生在演讲中详细回顾了从同盟会到中华革命党乃至国民党的历次斗争的历史，应该说得出这个结论是非常深刻的。无论是护国战争还是护法运动，孙中山先生都是利用军阀之间的矛盾，利用一派军阀去打另一派军阀，但最终还是落空，他最后彻悟"南北军阀是一丘之貉"。正当孙中山先生悲观失望之际，十月革命让孙中山先生看到了一线希望。在共产国际的联络下，国共发起合作，孙中山在中国共产党的帮助下改组国民党。国民党革命历史悠久，但是在党的建设方面却不是很成功，因此改组很有必要。洪剑雄指出："国民党不能不负责的是：因党的组织不良，党的纪律太泛；故入党者很自便，而叛党者也从容。"❷ 改组国民党有两大任务，一是建设一个有组织纪律性、具有高度执行力的先锋队性质的革命党；二是从底层劳苦大众中寻找革命动力，就是要发动群众参加革命，改变过去暗杀和小规模暴动式脱离群众的革命活动。洪剑雄指出，中国革命的关键是"有主义的、有组织的、有纪律的群众革命团体，领导一班有革命精神的群众去努力革命的工作"❸。

1925年3月12日，伟大的革命家孙中山先生逝世，中山先生为中国革命奋斗了一生，在革命尚未成功之际撒手人寰，让国人悲痛不已。《新琼崖评论》对中山先生逝世进行了专门的报道，用了一个专号集中报道中山先生逝世的相关情况，勉励国人继承中山先生的

---

❶ 孙中山先生改组国民党之演说［J］.新琼崖评论，1924（1）.
❷ 洪剑雄.国民党改组与琼崖革命运动［J］.新琼崖评论，1924（1）.
❸ 同❷。

第 2 章 马克思主义在海南的传播

遗志，把革命进行到底。徐成章在《中山先生逝世后与琼崖》一文中首先指出，在全国人民都在悲痛悼念中山先生的时候，琼崖地区由于经济文化落后却有点无动于衷，"此次中山先生逝世，全中国民众的哀悼，如丧考妣，而琼崖内陆数百万的民众，并未闻有何哀悼的声音。独在琼城少数觉悟青年学生，发起在五公祠追悼，保持一线的光，然亦微乎其微。"❶ 徐成章回忆中山先生非常关心琼崖的发展，最早提出琼崖建立行省的主张，因此他提议琼崖人民要继承中山先生的遗愿，为琼崖建立行省而奋斗，"我们要继中山先生遗志，也应努力将琼崖改为中山省，实行中山主义，以表示琼崖人对中山先生之厚意。"❷ 徐天柄的《中山先生遗留下的四个伟大革命工作》一文高度评价了中山先生的革命一生的丰功伟绩，他指出，中山先生是中国国民党的创始人，是辛亥革命的元勋，更是主张联合无产阶级苏联为中国革命奋斗的第一人，中山先生向英美帝国主义宣战，镇压反革命的商团，扫灭叛党祸国的陈家军，是辛亥革命后重要的革命工作。文章主张继承中山先生的革命事业，把反帝反封建进行到底。

2. 反对帝国主义的侵略

1840 年之后，资本主义席卷全球，西方列强用坚船利炮打开了中国的国门，古老的东方大国成了西方的原料产地和产品倾销地。中国最后一个封建王朝面对帝国主义列强的猖狂进犯，其反应是被动的。一次次割地赔款，一次次对外战争都以失败告终。一部中国

---

❶ 徐成章. 中山先生逝世后与琼崖 [J]. 新琼崖评论，1925（27，28）.
❷ 同❶。

近代史，就是一部民族的屈辱史。在中国不断滑向半殖民地半封建社会深渊的同时，中华民族的仁人志士也在不断试图拯救民族危机，实现中华民族的伟大复兴。要实现民族复兴，实现民族独立，反对帝国主义的侵略，打倒与帝国主义相勾结的军阀，是革命的首要任务。因此，《新琼崖评论》有大量的篇幅揭露帝国主义的对华侵略，唤醒国人的民族意识。

美国是侵略中国的帝国主义国家之一，与其他帝国主义相比，美国更注重长远利益，认为如能影响中国的下一代人，将会收获战争所起不到的更大利益，因此将庚子赔款用于资助留美的中国学子，在华盛顿会议上，维持了各帝国主义在华势力的均衡局面。美国的这一行为让很多国人以为美国是中国的救星。洪剑雄在《新琼崖评论》第二期发表了《外国帝国主义和资本家的［底］伎俩》一文，他指出美国与其他帝国主义在侵略方式上有差异，但是它的侵略本质是一样的，"华府会议，是帝国主义和资本家分肥（中国）不平而起冲突后的和解会议，是磋商以后对华分赃办法的；不过美国掠夺中国的方式不同罢了，他想尽夺各国——帝国主义侵略者——在华一切的权利入他自己的钱袋里。"❶ 在文章中，洪剑雄还提出了民族自决的主张，中国的事情应该由中国人民自行决定，不需要别国代理。"我国关税，除依例赏庚子赔款外，其余者应任我国民意所归的政府自由支配，无论何国人都不得强加干预。"❷ 文章的最后，洪剑雄指出，帝国主义和封建军阀相互勾结，只有打倒帝国主义，中

---

❶ 洪剑雄. 外国帝国主义和资本家的［底］伎俩[J]. 新琼崖评论，1924（2）.
❷ 洪剑雄. 外国帝国主义和资本家底伎俩[J]. 新琼崖评论，1924（2）.

国人民才能结束封建军阀的黑暗统治，"不打倒外国帝国主义和资本家，而想肃清国内的军阀，此不啻痴人说梦。我国人心未死；大家同时奋起！直拿头颅向帝国主义者和资本家扑去啊！"❶

《新琼崖评论》第二期发表的《原谅》一文揭露了广州市新闻记者不敢正面报道帝国主义侵略的软弱行径。《原谅》开宗明义讽刺道："广州市的新闻记者都有一种不可及的美德，他们很能原谅人，尤其是原谅外国人。"报道指出，外国军舰驻扎在白鹅潭，新闻记者不报道人民游行示威的消息，反而报道某些领事试图斡旋使军舰离开，这种有选择地报道新闻的做法，暴露出当时媒体的保守与软弱，文章批判了这种为虎作伥的可耻行径。

帝国主义对中国的侵略，除了经济倾销、武力威胁外，文化侵略也是其中一个重要方面。基督教伴随帝国主义的侵略进入中国，它进入中国农村，与中国传统文化发生激烈冲突。在层出不穷的教案中，教会凭借不平等条约往往逼迫官府压制反基督教运动，双方的矛盾愈演愈烈。基督教进入中国客观上为中国带来了西方文明因素，但是毫无疑问，基督教也是帝国主义侵华的重要组成部分，它为帝国主义的侵略披上了一层温情脉脉的面纱。马克思主义与基督教本质上是对立的。马克思认为宗教是人的自我异化，宗教是对人民的精神压迫，宗教是现实的幻影，因此对宗教的批判就是对现实的批判。马克思主义是主张唯物主义的，基督教是主张唯心主义的。因此，要宣传马克思主义和革命思想，必须批判基督教，从思想上清理唯心主义的影响。《新琼崖评论》在第二十四期专门做了一期反

---

❶ 洪剑雄. 外国帝国主义和资本家底伎俩 [J]. 新琼崖评论，1924（2）.

对基督教专号，反对基督教的文化侵略，宣传革命思想。除了这一期专号外，其他各期也陆续发表了关于反对基督教的文章。第二期有洪剑雄的《教会学校与琼崖》，第三期有《对于基督教会里的同胞的警告》和恽代英的《基督教与人格救国》，第四期有《最近琼崖学生界值得注意的两件事》。在这些文章里，介绍了基督教以传教为名，对中国人民进行压迫的种种行径。洪剑雄在《教会学校与琼崖》一文中指出，美国是帝国主义国家中设立教会学校最多的，其背后的本质并不完全是传播上帝的福音，背后有其意识形态方面的考量："他的目的是想使中国成为基督教化的中国，他的希望是在未来之若干世纪里，使中国成为基督教的大本营。"❶ 帝国主义是北洋军阀的保护伞，因此，要消灭军阀，就要反对帝国主义。"只是推其致乱之由，无一不是北洋军阀受帝国主义侵略和资本家援助而作祟。但我们想打倒这种媚外的军阀，非起国民革命不可。"❷ 接着洪剑雄分析了教会学校在琼崖日益扩张的原因，广大青年学子有求学的需求，而琼崖教育落后，难以满足众多学子的要求，因此很多人把教会学校当成一种选择。教会学校入学门槛低，收费低廉甚至免收学费，对一些贫困学子有很大的吸引力。洪剑雄呼吁琼崖青年，勿忘国耻和身上担负的使命，不要贪一时的便宜。更为难能可贵的是，洪剑雄虽然反对教会学校，但是绝不是义和团式的盲目排外。而是客观理性地把学习西方和反对帝国主义的侵略区分开来。洪剑雄指出："改革中国的恶习是一事，宣传基督教又是一事，采取西方文化

---

❶ 洪剑雄. 教会学校与琼崖［J］. 新琼崖评论，1924（2）.
❷ 同❶。

是一事，排斥基督教又是一事。慎勿鱼目混珠，并为一谈。"❶

3. 提倡男女平等，宣传妇女解放思想

琼崖地处中国南海，闭塞和保守比起国内其他地方更为严重，琼崖妇女所受的压迫是非常深重的，这也是琼崖革命诞生闻名世界的红色娘子军的重要原因。广大琼崖妇女没有受教育权，即使好不容易争取到受教育的权利，也是处处受到限制。在《新琼崖评论》第二期洪剑雄曾经发表了一篇辛辣的讽刺文章《何苦如此？笑话，大笑话》，文章揭露了琼崖第六师范暑假招收了几名女学生，这本是琼崖教育史上的破天荒之举，值得肯定。但是时任第六师范的校长居然出台一条荒唐校规，男女生不能交谈。针对这个规定，洪剑雄展开辛辣的讽刺，他指出，六师李校长毕业于国立北京高师，受过新思潮的洗礼，怎么会出台这么荒唐的规定。男女同学，社交公开，已经是社会的公共常识，这样的规定，无疑是污蔑男女学生的人格。

《新琼崖评论》第三期介绍了一位拥有新思想的琼崖女子余桂花，对她的作品进行了详细的介绍，并给予高度的评价。这在文化落后、妇女深受压迫和轻视的琼崖，具有极大的宣传导向意义。在这篇文章里，对女性受教育的目的也进行了深刻的剖析，指出女性受教育的目的应该是追求自身的解放，而不是作为寻找好归宿的外在亮丽的标签。"琼崖近年来求学的女子，一天多似一天，这是很好的现象，然细心观察起来，好似你［伊］们求学的，却是专门做太太奶奶的，所以社会上一切事情，你［伊］们都不理。"❷ 文章介绍

---

❶ 洪剑雄. 教会学校与琼崖［J］. 新琼崖评论，1924（2）.
❷ 介绍余桂花女士的作品［J］. 新琼崖评论，1924（3）.

余桂花及其作品的目的，就是呼吁广大妇女，要明白受教育的目的不是嫁个好夫婿，而要追求自身解放。妇女解放运动要求妇女要关注社会，参加社会运动。

除了受教育的权利外，广大妇女在婚姻上也深受压迫，在这个关乎女性一生幸福的重大问题上，作为当事人却没有任何的自由选择权，女子往往成为男性的附庸，被物化，而不是一个真正的"人"。马克思主义作为无产阶级和全人类追求解放的学说，追求的是人的真正全面的自由，马克思主义对妇女问题非常关注，马克思曾说过，妇女解放的尺度就是衡量一个社会进步的尺度。随着马克思主义传入中国，传统的观念开始动摇，在《新琼崖评论》第十九期和第二十期合刊上，曾关注了当时的一个社会热点事件——青年女学生冯素娥拒婚事件。洪剑雄发表了《冯素娥拒婚的精神》，并附上冯素娥给叔父的信。洪剑雄还发表了《为冯素娥女士拒婚运动事忠告琼东县县长王大鹏》一文，全面分析了这一事件。冯素娥是一个正在求学的女子，对求学有着深切的渴望，而且还没有毕业，根本没有结婚打算。杨维权是一个中学生，家里有权有势，在一次集会上遇到冯素娥就一见倾心，回家典卖田地，筹钱数百给冯素娥的父母。冯素娥的父母和兄长贪恋钱财，没有征求冯素娥本人的意见竟同意了。受过新式教育的冯素娥断然不能同意此种荒唐的包办买卖婚姻。她指出："我经过师长的指导，已晓得我们女子是个'人'，是独立的人，是应该经营人的生活的人，是有平等自由的人。"[1] 封建礼教物化女性，把女性当作男人的附庸，当作物品买

---

[1] 冯素娥. 冯素娥给叔父的信 [J]. 新琼崖评论，1925（19、20）.

卖。洪剑雄指出:"依礼教的判定,她不过是男子的附属品,或是茶余酒后的玩物,就进一步,也摆不脱礼教的支配,断不是礼教以外的一个人。"❶ 冯素娥的拒婚引起轩然大波,首先她的兄长骂她"皮厚不知羞耻",进而杨维权也是蛮横无理,居然想去冯素娥所在女生宿舍强行娶亲,甚至扬言娶亲不成要请军队干涉。冯素娥呈请琼东县县长王大鹏,要求保护自己的婚姻自由权,与杨维权解除婚姻。在杨维权的运作下,王大鹏居然数月没有批示。为此,洪剑雄在《为冯素娥女士拒婚运动事忠告琼东县长王大鹏》一文中怒斥王大鹏为虎作伥、助纣为虐。一个弱女子拒婚,居然遭到家庭上、社会上这么大的阻力,妇女所受的压迫可想而知。在这种残酷的环境中,冯素娥敢于站出来主张婚姻自由,是需要非常大的勇气的。洪剑雄赞许她:"其勇敢的行为,与普通一般只为找嫁个好夫婿而读书的女子,实在相差在十万八千里远,而锐利的目光,更足使一般为食而生的猪姓男子,闻风丑死。"❷ 在《冯素娥拒婚的精神》一文最后,洪剑雄还呼吁琼崖妇女向冯素娥学习,联合起来行动,"你们应该一致奋起似冯素娥这样要求解放,从吃人的礼教压迫里解放出来。"❸

4. 宣传马克思主义

《新琼崖评论》第七期发表了一篇重要文章——《介绍〈南语〉季刊》,在这篇文章中,杨善集称赞《南语》是有革命精神的刊物,它在世界革命中主张马克思的共产主义,在中国革命中主张孙中山的三民主义。这篇文章明确提出了马克思的名字,并且大力宣扬马

---

❶ 冯素娥. 冯素娥给叔父的信 [J]. 新琼崖评论, 1925 (19、20).
❷ 同❶。
❸ 同❶。

克思主义的主张是共产主义。这是《新琼崖评论》第一次公开介绍马克思和马克思主义。在另一篇徐成章的文章里，他引用了恩格斯的一句名言"团结就是力量"。《新琼崖评论》作为国共合作统一战线的革命报刊，不便公开宣传马克思主义，但是《新琼崖评论》中还是出现了马克思的共产主义学说与恩格斯的名字，说明刊物在宣传革命的同时开始注重宣传马克思主义思想。

《新琼崖评论》在宣传马克思主义方面的另一举措就是宣传中国当时传播马克思主义的主流报纸杂志，包括《向导周刊》《中国青年》《新青年》《中国工人》。《新琼崖评论》第二十二期用一个版面介绍这些传播马克思主义的主流刊物，而且为了使琼崖青年更多了解、阅读、购买这些革命报刊，《新琼崖评论》分别为这些报纸杂志撰写了短小精悍的宣传词，如给《中国工人》的宣传词是："是中国劳动运动理论指导，是各地劳动运动的事实的记载，做劳动运动的人不可不读。"

除了宣传词外，《新琼崖评论》还公布了上述期刊的篇名与作者，增加读者对期刊的了解和兴趣。

《新琼崖评论》虽然立足改造琼崖，但是眼光并不是局限在琼崖，而是具有一定的世界眼光。《新琼崖评论》曾经宣传了三位革命伟人——列宁、李卜克内西、卢森堡。在第二十六期上曾发表一篇《为什么要纪念李、列呢?》，阐明了纪念世界无产阶级领袖的意义。国民革命的首要任务是打倒帝国主义，但是帝国主义实力雄厚，要靠全世界被压迫民族联合起来。而三位无产阶级领袖就是为了世界革命而奋斗的——"简直是提倡同指导而且奋斗死难于这项工作——合世界被压迫阶级的总联合。"列宁主义关于帝国主义的论述是东方落后民族反对帝国主义殖民侵略的锐利的思想武器,列宁那种百折不挠向帝国主义宣战的革命精神是值得中国人民学习的。新琼崖评论社在《去年的今日》一文中呼吁国人:"我们要拿列宁这种精神去奋斗,要求中华民族解放,从帝国主义的压迫中解放出来!今日这一纪念,就是表示我们中华民族有无要求解放的觉悟和勇敢的试金石!"

谁是我们的朋友,谁是我们的敌人,这是中国革命的首要问题。《毛泽东选集》开篇这句话很好地说明了革命的关键在于区分敌我。《新琼崖评论》曾经用马克思主义阶级斗争的方法去分析琼崖社会,区分了敌我,为革命指明了方向和道路。周士第在《新琼崖评论》的第二十二期发表了《琼崖的"压迫阶级"与"被压迫阶级"》一文,分析琼崖社会的各阶级状况。周士第首先指出了琼崖的压迫阶级,有军阀、绅士和教育界,军阀凭借武力任意凌辱百姓,而百姓"人民素乏团结,没有抵抗力量,唯有俯首听命,任其宰割剥削,困于不生不死之地"❶。土匪军阀统治的暴政下,一些土匪打着"为民除暴"的旗帜,实际上追求的不过是升官发财。士绅阶层是军阀土匪与民众之间的润滑剂,从中渔利,"是上不在天,下不在地,介于民众军阀土匪之间,一种莫名其妙的最恶劣的一个阶级,对于社会进化的妨害是很厉害的。"❷ 教育界代表统治阶级在文化上软化革命青年的斗争意志,并没有履行作为公共知识分子批判社会的职责,而是为了保持其饭碗与军阀勾结起来破坏学生的革命运动,"军阀官

---

❶ 周士第. 琼崖的"压迫阶级"与"被压迫阶级"[J]. 新琼崖评论, 1925 (22).
❷ 同❶。

僚本是很怕学生有所活动而不利于己,可是直接压迫又怕发生反动,所以不得不假手于教育界而免生痕迹。"❶ 在这种情况下,琼崖的教育界是很保守的,他们站在统治阶级的立场上反对学生运动,用服从和奴隶思想软化学生的爱国运动。

学生、工人、农民以及小资产阶级,是琼崖的受压迫阶级。特别是琼崖的农民,人数众多,在大工业不断发展的近代,生计维艰,对现实日益不满,如果能联合起来维护自身的利益,革命就有成功的希望。周士第的文章,不但精准地区分了琼崖社会存在的压迫阶级与被压迫阶级,而且指出了军阀、土匪、士绅之间的共生关系:"军阀、土匪、士绅要互相依赖才能够生存;要有土匪,军阀才有所借口而行清乡及施各种苛政;要有军阀,土匪才有所借口于'为暴除民'而行掳人、劫货、勒饷;要有士绅,军阀之苛捐杂饷才有媒介而普遍于民间。"❷ 因此,革命成功的关键是各压迫阶级一起维护自身利益,将压迫阶级彻底打倒,不但要反军阀,也要反对土匪和士绅阶级。

唯物史观是马克思主义的重要基石,是马克思一生中两个伟大发现之一。马克思通过批判费尔巴哈在历史领域的唯心主义观点创立了唯物史观。马克思指出:"当费尔巴哈是一个唯物主义者的时候,历史在他的视野之外,当他去探讨历史的时候,他不是一个唯物主义者。"❸ 人类能够创造历史,首要的前提是人类的生存,而生存的前提是生产物质生活本身。马克思指出:"人们为了能够创造历

---

❶ 周士第. 琼崖的"压迫阶级"与"被压迫阶级"[J]. 新琼崖评论,1925(22).
❷ 同❶。
❸ 马克思恩格斯选集:第一卷[M]. 北京:人民出版社,1956:78.

史，必须能够生活。但是为了生活，首先就需要吃、喝、住、穿以及其他一切东西。"❶ 人类生产物质生活能力决定了社会状况，"人民所达到的生产力的总和决定着社会状况。"❷ 因此，社会运动并不是凭空产生的，背后都是生产力在起作用。唯物史观使得革命者看社会问题不会停留在浮光掠影的表层，而是能透过现象看到本质。洪剑雄的《革命的群众》就是运用马克思的唯物史观分析琼崖革命问题的典范之作。文章的开始就阐述了唯物史观的基本原理："我们更明白人类生存在这种组织之下，免不了衣食住这三件事。因有这三件事，故各人虽是异时异地，而生产及分配这几种生活必需品的方法，各人的行动及相互间的感情、习惯、法律，通通都是随着生产及分配的方法之变化而变化。"❸ 革命作为一种剧烈的社会运动，并不是无根之木、无源之水，本质还是生产力与生产关系之间的关系。"只是在生产及分配的方法变化而牵动社会组织之时，都免不了一场的战争，这种战争是社会组织与社会生产间不调和必然而起的冲突。"❹

5. 反对地方主义，主张琼崖革命是中国革命的一部分

琼崖地处中国南海，与内陆隔着36千米的琼州海峡，由于在地理上是一个独立的单元，居住在此的人民不免有一种岛民意识和地方观念。马克思主义是反对狭隘的地域观念的，马克思主义主张全世界无产者联合起来，并且认为共产主义的实现需要各国无产阶级

---

❶ 马克思恩格斯选集：第一卷 [M]. 北京：人民出版社，1956：79.
❷ 马克思恩格斯选集：第一卷 [M]. 北京：人民出版社，1995.
❸ 洪剑雄. 革命的群众 [J]. 新琼崖评论，1924 (21).
❹ 同❸。

一起努力，共同胜利。因此，《新琼崖评论》反复启发琼崖人民，切不可有封闭保守的偏安思想，琼崖只有纳入中国革命的统一进程才有胜利的希望。《新琼崖评论》在发刊词中，就指出琼崖革命与中国革命的关系："中国国民革命的意义是全体的，同时也是联合的，我们是琼崖革命的青年，我们为完成全体的革命，要将中国国民革命的意义，渗入琼崖青年的生活里面去。"洪剑雄指出："干革命事业的人，不分区域，不能有地方主义，随地随时，都可活动，以解放群众的痛苦。""故我以为对琼崖所抱革命的工作，与各地至少也要列同等。"❶割据一方的军阀，为了维持其反动统治，除了招兵买马扩大军力之外，还要在社会舆论方面为自己打气，而军阀一个重要的舆论武器就是所谓的"地方自治"，仿"粤人治粤"的口号，"琼人治琼"的口号一度很有欺骗性。邓本殷为了维持其统治，也提出了"八属主义"。针对军阀这一欺骗伎俩，徐成章在《新琼崖评论》第十一期撰文《琼人治琼与八属主义》指出："以区域为标语，便容易遮蔽人民的耳目，欺骗人民的金钱，引诱人民同情他们的不法行为。"❷

  地域观念不只是在琼崖与内陆之间，琼崖内部各市县之间也存在这种观念。徐成章在《新琼崖评论》第十八期发表一篇文章《争饭碗的教员可杀》揭露了这一现象。琼崖地处中国南海，教育落后，很多教师的素质差强人意，甚至是强颜列充教席的。这些不学无术的南郭先生遭到求知若渴的青年学子的激烈反对，甚至被罢课。这

---

❶ 洪剑雄. 国民党改组与琼崖革命运动［J］. 新琼崖评论，1924（1）.
❷ 徐成章. 琼人治琼与八属主义［J］. 新琼崖评论，1924（11）.

些教师不躬身反思,反而是"不知耻大吹区域主义,以冀分散学生团结力量,并运动同县学生出死力,代他们维持位置"❶。青年学生明辨是非能力不强,极易受这种狭隘地域主义的蛊惑,于是就出现这样一种怪现象,"当琼山籍教员受攻击时,就怂恿琼山学生做他们的护符,文昌籍教员受到攻击时,就唆使文昌学生代他们争点气。"❷ 这种非正常的现象,一方面使这些不合格的老师得以继续尸位素餐,另一方面也使学生内斗不止,造成鸿沟井然的界限,互相诋毁以致团体涣散,势力薄弱,使进步的学生运动受到严重的影响。徐成章对这一现象非常愤慨,他直言,争饭碗的教员可杀!

对地方观念的批判之所以成为《新琼崖评论》关注的重要话题,是因为地方乡土观念对革命精神的建立是一种破坏力量,革命精神是超越乡土认同建立一种理念认同的伦理重建的过程,不破旧无以立新。《新琼崖评论》第十九期、第二十期合刊曾发表一篇名为《区域观念与革命精神》的文章,非常深刻地指出这一破旧立新的尖锐斗争过程。该文开宗明义指出乡土观念与革命精神背后不一样的人性原因:"中国的国民性,重感情而轻理智,这是中国人一个最大的缺点,国民精神之涣散,公团之不易结合,做事以公废私。"❸ 文章指出,乡土观念是从封建宗法社会和科举制度培养出来的一种恶习,会馆、同乡会、同学会,"完全是纯感情的一种结合,若用纯理智去判断他,简直没有什么理由可说。"❹ 与乡土观念脱胎于情感不

---

❶ 徐成章. 争饭碗的教员可杀 [J]. 新琼崖评论, 1924 (18).
❷ 同❶。
❸ 梨树. 区域观念与革命精神 [J]. 新琼崖评论, 1924 (19, 20).
❹ 同❸。

同，革命精神本质是一种理性主义和理智精神，两者是根本对立的。文章指出："吾人若是想结合一种团体，以便用团体的群策群力，去谋共同的幸福，达共同的志愿与目的，当然要用一种共同合理的主义，依主义以维系团体的精神，对于不合理的感情团结，应该绝对牺牲。"❶ 因此，革命精神实质是一种伦理重建，打破封建时代以乡土、家族为分割的感情认同，用一种主义凝聚团体认同，而这种主义是植根于人类理智而非人类情感。不破不立，不批判传统的乡土观念，现代革命精神就无法建立，"中国人从宗法社会与封建制度所传下的区域观念。实足以妨害革命精神之团结。"❷ 基于这种理念，作者明确反对一种现象，就是在国民党党内组织同乡会的做法，认为这是与革命精神相抵触的。该文对乡土观念的批判是非常深刻的，不但指出了乡土观念的历史来源，更指出乡土观念和革命精神本质上是人性深处情感与理智的对立，这样的批判是有哲学深度的。《新琼崖评论》大都是政论式的短评，像这样有理论深度的文章实在令人欣喜。

杨善集在《新琼崖评论》第九期发表了《琼崖革命与中国革命》一文，也批判了狭隘的地方观念。杨善集指出，在革命浪潮席卷下，琼崖人民革命热情日益高涨，但是也有一种错误的思想，就是偏安思想，"随就有一种大错误，便是琼崖部落主义的色彩。因为很多人不晓得琼崖革命是随着中国革命而行的，只想着琼人自己能造出一种改革琼崖的方式，便心满意乐，所以便有了下列似是而非

---

❶ 梨树. 区域观念与革命精神 [J]. 新琼崖评论, 1924（19、20）.
❷ 同❶。

的主张!❶"杨善集指出,目前有两种关于琼崖革命的偏安思想,一是分赃式的,主张琼人治琼,一切官员只能由琼人担任,外省人不得染指。二是寨王式,主张琼崖改行省。针对这两种错误的主张,杨善集都给予了非常有力的批驳。关于琼人治琼的主张,杨善集指出,琼人治琼的主张是随着联省自治的运动而产生的,琼崖的地方士绅将自治二字,建筑在部落之上,看作排外的口号,借此驱逐邓本殷的势力。琼崖建省的主张,本来是孙中山先生提出的,是很好的建议,但是目前琼崖为反动军阀所盘踞,并不具备条件,那些鼓吹琼崖建省的人,只不过自己的私心杂念在作祟,"他们以为将琼崖一道名称,改做一省起来,官职大多了,他们马上可以升官,间接可以发财。"❷琼人治琼本质上是一种排外主义,联省自治、琼崖建省,在邓本殷盘踞琼崖的情况下也不具备条件。接下来,杨善集就举了实际的例子进一步反驳琼人治琼和琼崖建省的错误观点。杨善集指出,目前琼崖有一些民选的县长,可谓是部分实现了琼人治琼的做法,可是这些人对琼崖社会有多少贡献呢?琼崖建立行省也不能解决琼崖当时的问题,当时琼崖处于邓本殷割据之中,广东省政府也是鞭长莫及,但是"我们受邓寨的祸,还未到极点吗"?

杨善集指出,以上两个观点都是错误的,只有把琼崖革命纳入中国革命的视野,琼崖革命才能最终取得胜利。"只有将琼崖革命,与中国革命,看成连带一件事,把革命党(国民党)与反革命党(军阀土匪劣绅)分清楚起来,不论是琼崖人不是琼崖人,凡是为国

---

❶ 杨善集. 琼崖革命与中国革命[J]. 新琼崖评论,1924(9).
❷ 同❶。

民革命主义而牺牲、而奋斗的人们，都联合起来，加入国民革命的大本营。"❶ 文章的最后，杨善集斩钉截铁地指出："琼崖革命离开了中国革命，便没有一点意义，更没有一点的可能。"❷

植根于乡土的地方观点，在国人中有非常深厚的历史传统，很多中国人只知道有乡土，不知道有中国。民族国家是起源于西方的一个概念，与中国传统的天下观有很大的区别。近代中国的现代化进程中，民族危机不断加深，民族的耻辱使中华民族的意识不断觉醒。近代化的进程也是民族国家的建设过程，也是整体性的民族意识与地方性乡土观念不断博弈的过程。近代中华民族面临的危机，追求民族独立，是一种中华民族与帝国主义之间的矛盾，是一种整体性的危机。植根于乡土的联省自治，虽然有一定的合理性和历史传统，但是在中华民族面临整体性民族危机的情况下，局部单兵突进革命胜利的可能性是很小的，甚至是不可能的。帝国主义不是铁板一块，它在中国寻找不同的代理人——封建军阀，分而治之是符合帝国主义的利益的，中华民族只有联合起来才能实现民族独立。杨善集的文章，为琼崖的青年学子指明了革命的方向，不能偏安一隅追求琼崖的独立，而是要立足中国革命开展琼崖革命。

在杨善集的另一篇文章《琼崖社会两种大病》中，杨善集继续批判琼崖社会的地方观念。杨善集指出，琼崖社会存在两种阻碍革命的观念：一是宗法社会未破，二是地方色彩太浓。杨善集指出，宗法社会是历史的产物，自然经济时代，交通不发达，经济状况建

---

❶ 杨善集. 琼崖革命与中国革命［J］. 新琼崖评论，1924（9）.
❷ 同❶。

立在农村上，以家庭为主体，以姓氏为联合条件。在工业化的今天，工业日益发达，农业社会日渐崩溃，原来的宗法社会就成了时代发展必须扬弃的东西。杨善集指出，历史是一种发展的过程，现今的民族国家相对于宗法社会是一种历史的进步，不过民族国家将来也要走向消亡，世界大同是将来的趋势。杨善集指出，琼崖地处僻远，宗法社会的影响还是十分严重，"大修宗祠，修族谱，用姓氏办团办学，与异姓相对抗，"❶造成这种现象的一个原因是琼崖社会仍然处于农业社会，经济未有改变。另外一个原因是知识阶层还没有觉悟。杨善集呼吁，宗法社会下的地方主义，对于革命大联合是不利的。他指出："琼崖的同胞啊，我们应视为一体，不可以以姓族为界限，并且与中国同胞，共同干时代进化的工作——国民革命！"❷琼崖社会的第二个弊病就是地方色彩太浓。宗法是以血缘为基础的团体观念，地方主义是以地缘为基础的团体观念。生活在一个地方的人，语言风俗相近自然带来一种亲切感，是很自然的。但是过度以自我为中心，生出排外色彩，这就是一种非理性的表现了。杨善集指出，在琼崖社会，地方色彩在最先进的市县都不能幸免，反而是先进市县地方色彩（部落主义）最浓。"琼崖最进步的县，久推琼山文昌，而两县的人民，地方色彩也最明显，互相攻击、互相排挤也最烈。"❸杨善集指出，要破除这两种落后的观念，还需要生产力的发展，第一是需要交通便利，第二是工业发达。杨善集的分析是深刻的，交通便利打破了人民的空间观念，社会交往空间的扩大才能打

---

❶ 杨善集. 琼崖社会两种大病 [J]. 新琼崖评论, 1924 (10).
❷ 同❶。
❸ 同❶。

破狭小地缘的熟人社会。工业取代农业，生产方式改变才能真正改变过去以家族为主体的人际关系。难能可贵的是，杨善集指出，宗法和地方主义不可取，国家主义也需打破，在全球化的今天，中国是一个被压迫的弱民族，也应与世界被压迫的弱小民族联合，这就有了世界眼光。

这种对偏安思想的批判是非常重要的而且深刻的，琼崖革命的胜利一定要纳入全国视野才能胜利。1926年，国民革命军收复琼崖，结束了军阀邓本殷的统治；1950年解放军大军渡过琼州海峡，海南人民迎来解放。事实证明，单靠琼崖人自身是无法取得革命胜利的，琼崖与内陆紧密相连，只有克服狭隘的地方观念，琼崖才能获得发展，开放是海南的生命线。在革命战争年代，紧紧依靠内陆琼崖人民才能迎来解放，在建设自贸区、自贸港的今天，海南的开放格局要更大，要面向全世界开放，才能使海南真正建成自贸区和自贸港。

6. 鼓吹革命思想，反对改良主义

《新琼崖评论》创刊于国共合作的大革命时期，国民革命成为时代最强音。在广东革命浪潮席卷全省的同时，地处偏远的琼崖却被反动军阀邓本殷黑暗统治。由于文化落后，人民深受军阀压迫却敢怒不敢言，零星的反抗也无济于事，人民找不到寻求自身解放的思想武器。因此，《新琼崖评论》的重要目标就是指出人民的解放之路——国民革命。只有国民革命，才能对内推翻军阀的统治，对外反对帝国主义，取得民族独立。革命思想是《新琼崖评论》所有文字的主旋律。洪剑雄在《我们如何去干琼崖革命》一文详细阐述了琼崖革命的各种问题。首先，洪剑雄为革命"正名"，正确认识革命的价值——"革命！不是害人的洪水猛兽，是救人济世的福音！琼崖被压迫的民族,快起来干啊!"❶ 接下来,洪剑雄指出,革命不能只搞暗杀等小规模的活动,革命要通过被压迫阶级大联合才是正确的方向。"我们的目的既是打倒压迫民众的公敌,以解放民众所受一切的痛苦,则我们所取的手段,是要联络民众——农民、工人、学生……将他们团结起来,一致反抗对敌的仇人。"❷ 各压迫阶级联合起来之后,关键是认清革命的敌人。官僚、军人和资本家这些没有良心、不顾公益、专图私利的人,都是革命的敌人。洪剑雄这篇文章最关键地指出这一点,革命是被压迫阶级的自我拯救,靠别人是靠不住的。"农、工的朋友!你们想除去你们的痛苦,是全靠你们自己动手的。专靠人家来救你们是靠不住的。"❸ 近代中国革命屡战屡败,关键在于如何寻找革命的动力,面对中华民族面临的整体性的危机,单靠青年知识分子为主体的精英阶层小规模的暴动是难以取得胜利的,如黄花岗起义。统治阶级自上而下的改革也因为面临强大的保守势力,最后也是难免失败,如戊戌变法。中国的农民阶层数量众多,蕴含着惊人的能量,但是如果不能与知识精英合作,农民阶级自发的革命最终因为农民阶级不是先进生产力的代表也不能挽救民族危机,如太平天国和义和团运动。近代革命的关键是知识精英与底层民众的结合,关键是建立一个具有高度执行力和纪律性的革命党。孙中山先生早年曾经利用过会党,组织过青年知识分子暴动,利用一派军阀打击另一派军阀,最后都未能取得革命的胜利。他最后认识到革命的关键是"唤起民众",晚年孙中山先生提出了"联俄联

---

❶ 洪剑雄. 我们如何去干琼崖革命[J]. 新琼崖评论, 1924 (5).
❷ 同❶。
❸ 同❶。

共、扶助农工"的新三民主义。在这种思想的影响下，发动群众起来革命是当时的时代强音，革命者普遍注重宣传和舆论工作，目的就是启蒙群众的革命觉悟。唯物史观是马克思主义的重要观点，马克思认为，历史发展的动力是人民，而不是唯心主义所认为的英雄人物创造了历史。在《新琼崖评论》的很多宣传革命的文章里，都指出必须发动人民，从人民群众中寻求革命的动力，这些观点都闪烁着马克思主义唯物史观的光辉。洪剑雄在《谁能负起改造琼崖的责任？》一文中就指出："居在最高地位的琼崖农民侨工！只有你们的力量，才能够改造琼崖社会的制度，也只有你们挺身担负这改造的责任。"❶

革命是历史进步的火车头，革命必须有正确的目标，就是促进公共利益，任何打着革命的旗号谋私利的行为无疑是假革命。为了使群众认清真革命，反对假革命，徐成章发表了《革命与土匪》一文，他首先指出："革命是进化的，以革命手段铲除进化轨道上种种的障碍，使其达到适合人类社会的设施，这才算是革命的真意义。"❷ 而假革命是为了谋取私利："煽动社会上不［从事］生产的流氓、地痞、土棍等不良分子来组合，专营'打家劫舍''奸淫掳掠'，养成个人自私自利的势力，不能算是革命，只能算是土匪。"❸ 革命本是神圣的事业，被反革命分子所利用谋私，使民众深受其害，渐渐失去对革命的信心，因此认识革命的宗旨非常重要。洪剑雄在论述革命的敌人的时候也一针见血地指出："凡是没良心不顾公益、

---

❶ 洪剑雄. 谁能负起改造琼崖的责任？[J]. 新琼崖评论，1924（15）.
❷ 徐成章. 革命与土匪[J]. 新琼崖评论，1924（8）.
❸ 同❷。

专图私利的，都是你们的仇人。"❶ 公与私，确实是区分真假革命的关键，孙中山先生提倡"天下为公"，他自己身体力行地践行这一伟大思想。公与私是衡量真假革命的一个试金石，从另一个角度看就是多数人的利益还是少数人的利益。革命的关键是促进多数人的利益。洪剑雄指出："革命既是为多数人所需要，因多数人的需要才革命。"❷ 统治阶级人数是少数的，革命为多数人就是为了劳苦大众，这就是革命的立场问题。洪剑雄论述："我们的革命工作，全盘要注重在这下层农工阶级的群众。"❸ 革命的伦理价值有三重性：公与私、少数与多数、统治阶级与被压迫阶级，真正的革命是天下为公，真正的革命是为大多数人的公共利益而奋斗的，是解除被压迫阶级的苦难的。底层的群众，既是革命的动力也是被解放的对象。

革命的胜利，关键是要有政治团体，由精英分子组成的执行严格纪律的先锋队，先进政党作为革命的先锋队发挥着革命领导者的作用，单纯靠群众自发性的反抗示威很难取得胜利。徐天柄在《琼崖人民反抗军阀重迫的第一声》一文中表达了先进政党在革命中的先锋模范作用。邓本殷为了扩充军力，拟对琼崖田产每亩抽银七元，这种蛮横无理的捐税遭到群众的激烈反对，文昌发生了罢市事件。徐天柄分析这一事件产生的必然性就是军阀和土匪的残酷压迫，他对群众的自发反抗一方面表示赞许，另一方面也表达了担忧："只是漫无组织系统的反抗运动，忽起忽灭，是丝毫没有影响，到底鼓不

---

❶ 洪剑雄. 我们如何去干琼崖革命［J］. 新琼崖评论，1924（5）.
❷ 洪剑雄. 革命的群众［J］. 新琼崖评论，1924（21）.
❸ 同❷。

起有声色的波浪，到底是掉不去压迫的痛苦。"❶ 群众性自发行动，难以持久，没有完善坚强的领导，反抗容易被各个击破。"只是没有政治的团体组织，共同的一致行动，到底恐怕难免失败。"❷ 徐天柄最后指出，要避免自发性的群众反抗失败，一是加强琼崖人民联合的力量，二是号召更多的革命青年加入国民党，使革命有一个政治团体的领导。

革命需要启蒙，在一切压迫的社会中，统治阶级都是千方百计美化自己的统治，统治阶级在意识形态领域也占据主导地位，被压迫阶级要想完成革命，首先要进行革命的启蒙教育。马克思指出："统治阶级的思想在每一个时代都是占统治地位的思想。这就是说，一个阶级在社会上占统治的物质力量，同时也是社会上占统治地位的精神力量。支配着物质生产资料的阶级，同时也支配着精神生产资料，因此，那些没有精神生产资料的人的思想，一般是隶属于这个阶级的。"❸ 统治阶层利用自己生产的一套意识形态，欺骗和愚弄被压迫阶级。统治阶级的把戏是把自己的特殊利益说成是普遍利益，并利用自己在文化上的优势生产一些谬论来迷惑被压迫阶级。洪剑雄指出："故时常利用那'劳心者治人，劳力者治于人'一类的圣训名言麻醉农民、工人的神经而伸出他们的黑手向着农工去敲剥。"❹ 洪剑雄的《五一节敬告琼崖的农民》就是一篇优秀的革命启蒙文章。文章反驳了一个观点，就是"琼崖农民的生活，并不是痛

---

❶ 徐天柄. 琼崖人民反抗军阀重迫的第一声[J]. 新琼崖评论，1924（8）.
❷ 同❶.
❸ 马克思恩格斯选集：第一卷[M]. 北京：人民出版社，1995.
❹ 洪剑雄. 革命的群众[J]. 新琼崖评论，1924（21）.

苦的，也不是受十分压制的。因为所谓农民者，都是自己有着田地自己耕种的，并不单靠人家的［底］田而谋生的"❶。洪剑雄指出，琼崖农民拥有自己土地的数量很少，大部分农民需要向地主租地维持生计，而地租负担很重，很多农民过着"宰萝补屋、割肉医疮"的入不敷出的生活。洪剑雄接下来阐明了马克思主义的劳动价值观，对革命者进行启蒙，到底是农民养活了地主还是地主养活农民？洪剑雄单刀直入地指出，劳动产品是由劳动者生产的，却被剥削阶级享用了。劳动者首先要认识到自己创造了价值，劳动者应该有权力支配自己的劳动产品。"凡是你们所辛苦得来的，应该由你们自己享用。商人拿本钱博来的利，尚且说是自己的，你们拿手脚当真做出的米谷，难道还不是自己的么？"❷统治阶级是依赖被压迫阶级过着寄生的生活，因此它们不是被压迫阶级感恩戴德的对象，而是革命的对象。"他们没有你们养，真会饿死，你们没有了他们，倒安乐得多。"❸洪剑雄旗帜鲜明地站在劳动人民一边，启发群众的革命意识。洪剑雄指出，被压迫阶级不能怨天尤人、听天由命，而是要认识到，现实的一切痛苦都是现存不合理的制度造成的。"你们不要埋怨自己的命运不好，你们只要埋怨现在的军阀官僚和土豪劣绅的资本制度坏。"❹而解除痛苦的办法，就是革命。革命不是无意识的暴动和小规模的复仇活动，而是被压迫阶级的大联合，团结起来反对敌人，实现人的自由和解放。洪剑雄最后展望了革命胜利之后劳

---

❶ 洪剑雄. 五一节敬告琼崖的农民［J］. 新琼崖评论，1924（9）.
❷ 同❶。
❸ 同❶。
❹ 同❶。

动者享有的幸福生活："做工八小时，休息八小时，读书八小时。"❶

革命成功的关键是先锋队，先进政党的党员是革命的核心力量，只有他们发挥坚毅果敢的革命精神，才能带领人民取得革命的胜利。徐成章的《敬告琼崖同志》表达了对革命同志的殷切希望。徐成章论述了革命精神的伟大之处，革命者所具备的革命精神，是一种在困境中的坚守，是一种为了解救天下苍生的博大情怀："拿出我们坚忍沉毅的全副精神，做伐木开山的先锋，除这道途上一切的障碍物，造成平坦康庄的大道，为民众立永久的幸福，为社会留永久的纪念。"❷徐成章总结了琼崖历次革命失败的教训，主要的教训是脱离群众，"当时我们运动的方法完全和国民断绝关系，而只知道勾结土匪"❸。因此，接下来革命的关键是如何唤起民众，"我们应该彻底觉悟起来，一齐到民间去，作大规模运动，唤醒民众的觉悟"❹。革命党不能脱离群众，革命才能取得胜利，革命胜利还需要党员发挥革命精神，为大众利益而奋斗。徐成章谈到了革命党员的修养，"最要紧的是严于律己，不为利诱，不为威胁，而生活不能超过民众之上。"❺只有这样才能唤起群众的敬仰和同情。革命党是有严明纪律的高度执行力的团体，不是松散自由的俱乐部，因此革命党员要正确处理个人与集团的关系，党员要以革命党的集体为重，"尊崇群性，牺牲个性，集合许多个性造成一个群性——党。换言之，就是

---

❶ 洪剑雄. 五一节敬告琼崖的农民［J］. 新琼崖评论，1924（9）.
❷ 徐成章. 敬告琼崖同志［J］. 新琼崖评论，1924（10）.
❸ 同❷。
❹ 同❷。
❺ 同❷。

集合各个党员的自由力量，做党的自由发展。"❶ 先锋队的党建思想是列宁主义党建思想的重要组成部分，徐成章论述的革命党的精神和革命党员的修养，被日后中国共产党继承和发展，中国共产党成了中国工人阶级和中华民族的先锋队。最终在中国共产党的领导下，中国的新民主主义革命取得了胜利。

革命的胜利不是一蹴而就的，而是饱含了艰辛的探索历程，琼崖革命在辛亥革命之后屡次掀起高潮，琼崖最后却被军阀盘踞，人民对革命也多有失望之情。国民党改组之后，面对新的革命形势，如何开展琼崖革命，徐成章在《十余年来琼崖革命运动的回顾及今后应取的方针》一文中全面梳理了琼崖革命走过的艰辛的历程和痛苦的教训，徐成章作为亲历者，总结了琼崖革命六个方面的教训：①离了革命性的行动，同志们固有革命的勇气，老早烟消云散了；②不明了党的真意义，忽略党的组织；③军官竞相盈利，以扒钱为目的；④筹饷勒捐，不顾人民的痛苦，招致民众的仇视；⑤卖知事警察区长，惹起人民的憎厌；⑥不明了革命战争的意义及其价值。❷ 在这篇文章里，徐成章提出革命要取得胜利需要各阶级联合起来一起反抗，并引用了恩格斯的名言："团结就是力量。"革命的关键是先锋队，先进的政党是革命的领导阶级，"大家应集中于一个强大的团体——党——的旗帜下，造成以党为中心的革命势力，不论什么权力，都不能高过党的上面。这样才是革命党的行动，这样

---

❶ 徐成章. 敬告琼崖同志 [J]. 新琼崖评论，1924（10）.
❷ 徐成章. 十余年来琼崖革命运动的回顾及今后应取的方针 [J]. 新琼崖评论，1924（12）.

才有力量去解放恶势力的压迫。"❶

革命要有革命党作为先锋队，革命要发动群众，革命的成功离不开对过去经验的总结。革命成功的另一个关键是统一战线的思想，就是各革命力量的大团结。恩格斯的名言"团结就是力量"，不但徐成章引用过，在徐天柄的另一篇文章《我们今后最重要的两个工作》中再一次被引用。在这篇文章里，徐天柄系统地阐释了革命统一战线的重要性。徐天柄指出，随着革命运动的不断往前发展，反动阶级日益恐慌，在某种程度上也开始联合起来，企图扼杀革命。革命势力的联合和反革命势力的联合是同步的，所谓"道高一尺，魔高一丈"，在这种背景下，革命阶级的统一战线的巩固就显得更加重要。"在这社会物质顿变，革命潮流澎湃之时，现存的反动政治，遽呈变态的恐慌状态，故有一天一天地缔结攻守同盟之情势。"❷ 国内出现了军阀抱团抵制革命的情况，如西南联省割据，长江七省联盟，国际上也出现法西斯主义联盟等，面对反革命阶级的联合，革命统一战线要保持稳定，加强团结，才能"反守为攻，然后才能相机击破敌人之营垒，然后才能歼灭我们共同的死敌（帝国主义与军阀）"❸。孙中山先生领导的改组国民党运动，一方面用列宁主义的办法重塑国民党的革命精神，加强纪律性和执行力；另一方面共产党员以个人身份参加国民党，是一次统一战线的尝试。第一次国共合作掀起了大革命的浪潮，极大地联合了革命的力量，把革命从珠

---

❶ 徐成章. 十余年来琼崖革命运动的回顾及今后应取的方针 [J]. 新琼崖评论，1924（12）.
❷ 徐天柄. 我们今后最重要的两个工作 [J]. 新琼崖评论，1925（25）.
❸ 同❷.

江流域通过北伐推进到长江流域。琼崖也在革命浪潮中结束了邓本殷的反动军阀统治,统一战线的理论在历史的进程中被证实是革命成功的关键。徐天柄在文章中强调:"这联合革命战线所以为我们今后的应努力的重要工作之一。"❶ 琼崖最后也是因为统一战线而不断走向胜利。"广州'新琼崖评论社'、上海'琼崖新青年社'、北京'琼岛魂社',均派代表在广州组织'琼崖革命同志大同盟',已经成立了。新加坡、暹罗等处琼崖外侨所组织的团体,也表十二分同情,陆续要加入了。"❷ "琼崖革命同志大同盟"极大地整合了分布在内陆和南洋的革命力量,壮大了革命声势,最后终于在国民革命军光复琼崖之后结束了邓本殷的反动军阀统治。

2.2.3 马克思主义在海南传播中的论战——品学与政治之争

1919年五四运动之后,马克思主义开始在琼崖大地传播。正如任何一种理论的传播所面临的情况一样,马克思主义在海南的传播面临着争鸣与交锋。以杨善集为代表的马克思主义者和以陈骏业为代表的改良主义者,在《新琼崖评论》与《琼东期刊》上发表了一系列的论战文章,他们争论的核心是:面对这样混乱肮脏的政治局面,青年人是否要投身政治? 争论的实质与李大钊和胡适之间的"问题与主义"之争有异曲同工之妙,剧烈的革命还是渐进式的改良? 杨与陈的争论堪称海南版的"问题与主义"之争。关于杨善集

---

❶ 徐天柄. 我们今后最重要的两个工作[J]. 新琼崖评论, 1925(25).
❷ 周士第. 陈炯明失败与琼崖[J]. 新琼崖评论, 1925(19).

与陈骏业的这次争论，以往的关于海南的党史的著作和文章均有提及，❶但尚无专题文章论及这个问题。研究品学与政治之争，有助于深化对马克思主义在海南传播过程中争鸣的认识，下文就这个问题专题深入讨论。

1. 争论缘起

杨善集与陈骏业都是琼崖的新青年，均毕业于琼崖中学，不过两人接触不多，陈骏业在《关于讨论品学与政治的记录》中写道："本是一个老相与，但聚处的机会是很少了。"并且，两人争论之前还颇有英雄惺惺相惜的感觉。杨善集与陈骏业作为琼崖出岛求学的青年学生，接受了新思想之后，都感觉自己对贫穷落后的桑梓之地有"改造之责任"。杨善集邀请陈骏业加入上海琼崖学子的青年团体——海外品学观摩会，并赠送陈骏业出版的《觉觉》杂志一册。两个志同道合的青年学子，对于如何改造当前的政治与社会，却产生了严重的分歧。由于两者天各一方，杨善集在广州，陈骏业在上海，双方的争论以书信的形式进行，并且为了扩大争论的影响，在一般的青年中争取各自的支持者，双方均抱着开诚布公、真理越辩越明的态度，把双方的信陆续公布在《新琼崖评论》第三期、第六期和《琼东期刊》第一期。经过几个回合的交锋，双方在某些问题上达成了共识，如"平民政治运动为紧要"。陈骏业在争论最后，也接受了"凡品学修养的人们，要彻底地觉悟，跑入群众里去促进社会事业，巩固社会的团体，使我四万万的同胞，都有同样的了解，都抱同样

---

❶ 郭兰霞. 试论杨善集与琼崖革命［C］//中共海口市委党史研究室. 旗帜飘扬——中共琼崖第一次代表大会人物研究论文选. 北京：中共党史出版社，2010.

的希望,自然有联合起来,去和气息奄奄的万恶政府周旋,取得最后五分钟的胜利"。这与他当初不愿涉足政治的孤芳自赏姿态有了很大的改变。这说明,这场关于改良与革命的争论影响了很多人。陈骏业后来参加了革命队伍,一度担任定安县委书记、琼崖苏维埃主席等重要职务,1932年被捕之后叛变革命。而争论的另一方杨善集1927年在椰子寨战斗中英勇牺牲,年仅27岁。因此这场争论以及当事人之后的人生选择与结局,都颇为令人深思。

2. 争论的第一阶段——青年要不要参与政治

争论双方的焦点就是,青年学子要不要参与现实的政治运动?陈骏业主张"中国现在政治的局面是不可收拾的,进去的人们,不能变更政治,而为政治腐化"。因此作为青年才俊,不应该马上投身政治运动之中,而应该"储蓄个人的品学,巩固社会的团体",尽力于社会上的事业,为群众谋幸福。陈骏业之所以如此主张,是因为他认为青年涉足政治,以升官利达为目的,不但没有实现改造社会、改良政治的目的,反而失去了青年当初的纯真,成为人人唾弃、追名逐利的政客。杨善集作为一个马克思主义者,不同意陈骏业的看法,杨善集厘清一个概念,参与政治不等于做官,青年人面对民族危亡,不能进行"闭户潜修的研究",而应该投身到政治实践中去历练自己。如果害怕社会污染我们,只能说明我们品学修养没够功夫。杨善集还指出,陈骏业主张的联络优秀分子的社会组织,也是变相的政治机关,所谓的优秀分子,也是一班变相的政治家。杨善集还指出,知识分子要联合民众才能拯救中国,切不可孤芳自赏:"不过我们稍有知识的人,应该跑入工人、农民、商人、官吏、兵士里头去,使他们联合起来,觉悟起来,一齐做民众的革命运动。绝不可自划鸿沟,自立为优秀分子的特殊阶级。"杨善集用游泳的例子有力地驳斥了陈骏业的观点,一个善于游泳的人面对溺水者只是在岸边做出游泳的动作,大喊大叫是救不了溺水者的,要救人,只能跳下水去。他指出,如果青年人不投身黑暗的社会,救出昏迷的群众,立在社会之外,说社会运动,不入政治里头,说澄清政治,正如在岸上大喊救人的,是无济于事的。杨善集深入浅出地阐释了"哲学家们只是用不同的方式解释世界,而问题在于改变世界""实践是检验真理的唯一标准"等马克思主义的立场、观点和方法。

3. 争论的第二阶段——政治革命与社会改造孰先孰后

面对杨善集的质疑,陈骏业在回信中指出,他认为的抵抗政治并不是意味着像隐士一样逃避现实,无所作为,而是认为政治是社会的产物,先有社会,后有政治,所以主张做一种新组织,然后再生出较适合的政治。并且他认为联络社会的优秀分子,致力于社会事业,并不是杨善集理解的那样,是"变相的政治",这种组织"绝没有像政治生活的臭味""办事的人员,纯是为良心驱迫,为团体役使,而不得不做。"针对杨善集游泳那个例子,陈骏业的回应很有意思,他写道:"学游泳的人,本欲自救,兼以救人,但在海洋里头,风涛澎湃,你的游泳技术还没有成功,就要冒险救溺,反不如设别的法子,或抛下救生圈,或投以长绳,较为可得效力。"信的最后陈骏业发动反击,质疑杨善集,章宗祥、曹汝霖为什么从有品学的留日学生变成了受人唾弃的卖国贼?王正廷和顾维钧等新派改造政治的成绩如何?琼崖很多青年投身政治运动,其结果如何呢?看来陈骏业对自己所持的观点颇为自信,面对杨善集咄咄逼人的论战进攻态势,他没有投降的意思,反而想通过提问来反击。

在《新琼崖评论》第六期上，杨善集回应了陈骏业，并把陈的来信附后。面对陈骏业质疑的曹汝霖、章宗祥等人为何堕落为卖国贼，杨善集的回答简单明了，因为"他们通通都是做官，不是真正平民政治运动"。杨善集还指出，要挽救民族危亡，只有"国民革命"一条大道。杨善集用马克思主义的立场、观点、方法分析了当时中国政治和经济状况，用一个方程式形象地表达了中国需要的政治。他指出目前中国政治状况是"外国资本家帝国主义者，和中国军阀，互相勾结，搭伙求财的股份公司的政治"。社会状况是"农业经济破产，工业经济被抑制，失业者有增加无已，土匪、军队、官吏、绅董合伙掠夺平民"。面对这样半殖民地和半封建的中国，出路在哪里？杨善集指出，现在中国需要的政治是民族独立、政治经济独立，打倒军阀，打倒外国资本家帝国主义者的民主政治。

论战到了这个阶段，双方经过几个回合的交锋，杨善集第一是用列宁论帝国主义的理论分析中国的政治与经济，得出底层的平民革命是拯救中华民族的正确道路。应该说，已经为这场论战给出最后答案；第二是分清了敌我，帝国主义和军阀是我们要反对的；第三是指出了道路，平民革命是到社会的底层去寻找革命力量，而不是陈骏业的认为的那样，参与政治就是做官。这也是1840年以来中华民族经过艰辛探索得出的正确的革命道路。

争论至此，高下立判，但是陈骏业并没有投降的意思，他继续给杨善集回信，在信中，并没有有力的驳斥，只是控诉杨善集自视太高、志大言大、目无余子。强调"我的主张［是］，欲改革政治，非从社会的事业上去筑基础，绝没有良好的效果"。陈骏业这封信杨善集并没有收到而是被退回，杨善集此时应已投身轰轰烈烈的大革命中，居无定所，没有收到这封信也情有可原。陈骏业把历次双方来信整理成《关于讨论品学与政治的记录》发表在《琼东期刊》第一期，为这次论战画上了完整的句号。

4. 关于论战的评述

这次论战，双方开诚布公，态度是很好的，没有人身攻击，而是抱着探求真理的态度，把讨论引向深入，双方达成若干共识，虽然最后没有一致的意见，但是就讨论的深度和产生的影响来说，这是一场影响深远的讨论，令很多青年学子抛弃了改良主义的观点，投身到轰轰烈烈的民族救亡运动之中。

（1）品学不能救中国

面对遭受帝国主义侵略、军阀混战、经济凋敝的旧中国，陈骏业开出的办法是青年人洁身自好、磨砺品学，加强个人的修养，即有修养的功夫，站在现在的政治局面外，做监督的工作。应该说，陈骏业的观点没有创新，面对物欲横流、道德败坏的局面，总有正人君子站出来说要重整纲纪，似乎人人都成了君子，天下就太平了。这种观点深深植根于中国传统文化之中，中国传统文化本来就是以"以德治国"为根本的。问题是这种以个人道德修养为本位的"己身中心主义"在宋明时期就已陷入僵化，"存天理、灭人欲"。到了明朝，这种道德治国与现实生活格格不入的情况更加明显，一方面每个人都在唱道德的高调，另一方面却行《金瓶梅》式纵欲。这种说一套做一套的虚伪道德高调只会导致虚伪与双重人格。黄仁宇先生在《万历十五年》这本著作中指出，明朝最大的问题就是"道德代替法治"，用几条抽象的伦理原则来规范现实生活中的利益冲突、道德困境、政治运作，这显然会使社会陷入一种无序的状态。现代文明的特点就是区分人类的公共空间与私人空间，道德属于私人空间，在不违背法律的前提下，道德只是人们在私人空间为或不为的一种自由选择，而不是一种强制性的规范，人们可以谴责某人违背了道德，形成舆论压力，却不能像古代中国一样用道德杀人。中国传统文化最大的特点就是"道德万能"，用私人空间的行为原则覆盖公共空间，用道德解决一切问题。如果说在孔夫子那个年代，这种温情脉脉的权力伦理化的道德治国还能与当时的生产力相适应的话，那么到了明清时代，还在坚持"天不变，道亦不变"，就跟不上时代的发展了。道德不是万能的，因为道德没有统一的标准和清晰的界限，这与现代法治社会是有区别的。明清时期，重整道德的行动尚且失败，自命正人君子的东林党人在无休止的派系斗争中耗尽了明王朝的能量。在中华民族面临帝国主义侵略的危亡时刻，这不是奋起直追西方可以借鉴的思想，拿出传统重整道德、强调良心救国的办法，显然是片面的。民国时期组织"好人政府"的结局是一场闹剧。陈骏业本人在争论之后的人生经历似乎就是"品学救国"失败的一个注脚。陈骏业在革命的大潮中参加了革命，担任琼东中学的校长。陈骏业的品学经不起欲望的考验："他恶习不改，原已有妻子，当了中学校长后，又娶了小老婆，受到进步师生和群众的非议。杨善集在一次演讲中，批评了陈骏业纳妾的行为，"'一个文人，也娶妾侍，存在一夫多妻思想，这是和革命的新时代不相容的''所以我诚恳地奉劝陈校长要以身作则，先齐家而后治校嘛。'大家听了，纷纷鼓掌赞好。陈骏业当众出丑，十分狼狈。"[1] 1932年革命遭遇低

---

[1] 魏如松，丁静. 他们在我心中是了不起的人物 [N]. 海南日报，2011-06-03.

潮，陈骏业变节投降，写下了《琼崖共首之陈述》一文，现藏于中山大学图书馆。他本人的经历，证明了所谓青年品学救中国是缘木求鱼。

（2）关于社会建设与政治革命先后的争论

争论的第二个问题，陈骏业的观点不像第一个观点那样完全没有可取之处。陈骏业看到了民国初期的种种政治乱象，对当时政客的追名逐利，政治的尔虞我诈非常失望。他萌生了另起炉灶，先加强社会建设再慢慢改善政治的想法。民国时期，西方的多党制传入中国，由于这是一种外来的政治制度，而不是一种有原生文明底蕴滋养的政治运作模式，不免有些水土不服。西方民主制度的良性运作有赖于基督教的文明，而东方文明却是与大一统的君主集权相适应的。因此民国时期的种种乱象，表明了一个问题，就是当时的中国人不具备运作西方民主的能力。民主是一种制度，更是一种参政议政的能力，这种能力不是一朝一夕可以习得的。因此，陈骏业主张在社会建设中加强社会团体组织建设，让中国人在各种社会组织中锻炼沟通、协调、妥协、谈判等民主能力，慢慢地由社会转向政治——"所以我主张凡品学修养的人们，要彻底地觉悟，跑入群众里去促进社会的事业，巩固社会的团体，使我四万万的同胞，都有同样的了解，都抱同样的希望，自然有联合起来，去和气息奄奄的万恶政府周旋，取得最后五分钟的胜利。"这一观点应该说有可取之处，近年来重新认识社会功能，让人们在社团中习得民主能力，已经成为一种共识，如熊培云的《重新发现社会》。问题是陈骏业的观点在当时的中国可行吗？近代中国面临灾难深重的民族危机是否有足够的时间从加强社会建设到澄清政治？在这个问题上，杨善集的观点更加务实,面对整体危机的中华民族,青年人应该有担当精神,拯救民族危机是当务之急。杨善集指出,现在中国需要的政治是争取民族独立、打倒军阀、打倒外国资本家帝国主义者。杨善集是这样认识的,也是这样去做的,他投身海南革命的洪流中,不幸在海南革命第一枪——椰子寨战斗中牺牲了。但是更多的青年沿着杨善集拯救中国的脚步继续前行,终于在1949年建立了中华人民共和国,取得了民族的独立。从后来的历史发展进程来看,杨善集的观点是经得起历史检验的。

在今天中国走向中华民族的伟大复兴的进程中,穿越历史,重新梳理马克思主义在海南传播的一次重要争论,更加强化了我们对一个观点的认同:只有马克思主义才能救中国。认真思索这一争论的每一个观点以及后来的历史进程,对于走在中国特色社会主义道路上的国人,加强理论自信、道路自信、制度自信和文化自信,都有着深远的意义。

第 3 章 土地革命时期马克思主义在海南的实践

3.1 枪杆子里出政权——琼崖革命的武装斗争

暴力革命是马克思主义的重要思想,可以通过暴力革命实现无产阶级专政,进入社会主义,为实现共产主义创造条件。马克思在《哲学的贫困》中指出:"可见,建筑在阶级对立上面的社会最终将导致剧烈的矛盾,人们的肉搏,这用得着奇怪吗?""在每一次社会全盘改造的前夜,社会科学的结论总是'不是战斗,就是死亡;不是血战,就是毁灭'。问题的提法必然如此。"[1] 在《共产党宣言》中,马克思和恩格斯公开宣称:"共产党人不屑隐瞒自己的观点和意图。他们公开宣布:他们的目的只有用暴力推翻全部现存的社会制

---

[1] 马克思恩格斯选集:第一卷[M]. 北京:人民出版社,1995:195.

第3章 土地革命时期马克思主义在海南的实践

度才能达到。"❶

马克思的这一设想已经由苏联的成立和中国共产党的成功所证明。中国共产党在建立之初并没有认识到武装斗争的重要性，直到大革命失败，在血淋淋的教训中才领悟到"枪杆子里面出政权"的道理。具体到海南，党组织成立较晚，对武装斗争的重要性已经有了比较深刻的认识。海南中国共产党人的实践一开始就与武装斗争联系在一起，始终坚持武装斗争。中国共产党人在海南实践的一个突出特点，正如聂荣臻元帅的题词那样，是"孤岛奋战，艰苦卓绝，二十三年，红旗不倒"，是对海南革命的一个非常全面的概括，其中一个重要论述"二十三年，红旗不倒"主要是指武装斗争的二十三年，从1927年椰子寨战斗打响反抗国民党反动派的第一枪直到1950年大军解放海南，正好是二十三年。而海南的地方党组织成立于1926年，如果指党组织存在的历史，应该是二十四年，红旗不倒。始终坚持武装斗争，贯穿了土地革命、抗日战争、解放战争三个历史时期，海南共产党人始终坚持红旗不倒，不断总结武装斗争的经验教训，在大军解放海南之前成为接应大军渡海作战的一支有力的战斗力量，为海南岛的解放做出了重要贡献。解放海南岛战役，伤亡不大，一个重要的原因就是琼崖纵队的里应外合。相比于中国的另一大岛台湾岛，中国共产党在中国台湾的一个特点就是坚持秘密斗争，而不是武装斗争。由于人数不多、力量不强，在蔡孝乾叛变之后，中国共产党在中国台湾的力量遭受毁灭性打击。因此，始终坚持武装斗争是海南共产党人的一个突出优势，也为海南岛最后的解放奠定了基础。

---

❶ 马克思恩格斯选集：第一卷[M]. 北京：人民出版社，1995：307.

3.1.1 琼崖武装斗争的难点与优势

琼崖地处中国南海，经济文化比较落后，开展武装斗争，比起内陆更加困难。困难之一是武器的获取非常困难。武器是武装斗争的基础，现代战争对装备的要求越来越高。相比于冷兵器时期，现代战争武器的生产是一个系统工程，对工业基础要求较高，比如冶炼钢铁的能力。由于民国时期海南工业极其落后，只能生产若干轻武器，重武器完全依靠外部输入，藏于军事博物馆的荔枝炮，就是海南共产党人发挥聪明才智自制重武器的典范。琼崖武装斗争的过程中，很多武器都是土造的火器或者是冷兵器。土造的武器，无论是射速、射程还是杀伤力，都与正规武器有很大的差距。重武器的缺乏，使琼崖共产党武装力量缺乏攻坚的能力，以女子军特务连一场著名战斗——火攻文市炮楼为例，之所以要花很多的时间挖掘地道，问题的关键就在于重武器的缺乏。类似攻打据点这样的战斗就显得特别困难。在琼崖革命的历史文献中，关于武器和子弹缺乏的记载比比皆是。"我们好的枪仅有千余，每支枪仅配有子弹数粒，所以认为若非扩充军备，恐怕群众将来越遭敌人压迫不堪。"[1] "红军的子弹非常之缺乏，中路的长枪平均每支有弹二十颗，手枪十颗，东路平均每支几颗，西路几没有子弹。"[2] 琼崖红军由于经济困难，

---

[1] 中共琼崖特委代表在中央会议上的报告[G]//中共广东省海南行政区委员会党史办公室，海南行政区档案馆. 琼崖土地革命战争史料选编. 海口：[出版者不详]，1987：338.

[2] 中共广东省委军委给中央的报告：第一号[G]//中共广东省海南行政区委员会党史办公室，海南行政区档案馆. 琼崖土地革命战争史料选编. 海口：[出版者不详]，1987：80.

工业落后，达不到每名红军战士人手一枪的水平，"独立师下分为三团共有三营人数九百人左右，枪支约有六百余杆。"❶ 需要若干冷兵器作为补充，"将枪弹、粉枪弹（或长枪、长矛）概行编作红军兵器，依现时琼崖的兵器，粉枪弹不成问题，弹枪只九百，应有决心地夺取敌人九百支快枪，好完善红军一师的编制。"❷

困难之二是海南岛的地势并不适合开展以游击战争为主要形式的武装斗争。中国共产党领导的武装斗争，大多处于国民党统治的边缘和薄弱地带，一般都具备地势险要、易守难攻等特点。在武器装备不足的情况下，地理环境为革命者提供了生存空间。像著名的黄洋界保卫战，红军依靠少数兵力可以抵抗具备优势装备的、拥有多数兵力敌人的进攻。但是琼崖革命的难点在于海南适合开展游击战的险要地理环境不多。以琼崖革命摇篮母瑞山为例，其海拔不过500米，与井冈山黄洋界1343米的海拔相去甚远。另一著名根据地六连岭主峰才580米，整个海南岛真正适合开展游击战的是五指山，只有这一中部腹地的海拔达到1500米以上，其主峰达到1867米，是海南最高峰。五指山地区地势险要，位于海南腹地，进可攻，退可守，是开展游击战争的理想地区。但是这一地区经济文化落后，是传统的黎族、苗族聚集区，黎族、苗族由于历史上的统治者的民族压迫政策，与汉族之间有一定的隔阂，革命条件尚未成熟，贸然进入这一地区，势必会引起双方的冲突。因此，中国共产党在琼崖领导的武装斗争，被迫在经济文化比较发达的琼东北部沿海地区进

---

❶ 琼崖苏维埃政府给中华苏维埃筹备委员会信［J］. 琼岛星火, 1987（17）：8.
❷ 中共广东省委琼崖工作计划大纲［G］//中共广东省海南行政区委员会党史办公室, 等. 琼崖土地革命战争史料选编. 海口：［出版者不详］, 1987（8）：43.

行，这里一是无高山峻岭，二是缺乏纵深，离海口很近，回旋余地不大。由以上分析可知，海南革命在革命条件成熟和适合开展武装斗争的地理环境之间有一个"错位"现象。经济文化比较发达的琼东部沿海地区，受革命思想影响深，革命思想深入人心，但是这一区域地势不够险峻，离海口近，只能在武装斗争初期保持革命火种，而不能成为长期坚持的根据地。后来这一"错位"现象的解决得益于两方面的有利条件，一个有利条件是经过1932年陈汉光"围剿"之后，中国共产党领导的琼崖武装力量遭到严重挫折，以冯白驹为首的琼崖特委痛定思痛，深刻总结经验教训。一是战略战术选择不当，在优势敌人面前硬碰硬，拼消耗；二是革命力量发展不平衡，革命的影响和区域只局限于沿海一带，未能深入腹地，面对优势敌人的进攻，回旋余地不大，未能认识到开辟五指山革命根据地的重要性，未能充分认识灵活机动的游击战的重要性。为此，琼崖特委做出了革命要往五指山腹地和琼东南部发展的指示。除琼崖特委的自身认识外，另外一个有利的外部条件就是由于不堪国民党的民族压迫政策，黎族领袖王国兴领导了著名的白沙起义，并在起义遭受国民党残酷镇压的时候主动找中国共产党寻求合作。王国兴邀请中国共产党领导的武装力量进入五指山腹地，与先前琼崖特委制定的往五指山腹地和琼东南部发展的战略不谋而合，可谓是"天作之合"。挺进五指山腹地，从此琼崖共产党人领导的武装斗争进入了一个新阶段。中国共产党在海南领导武装斗争有一个突出的特点，那就是主要的失败来自内陆的反动势力的强力扼杀。1928年的蔡廷锴部，1932年的陈汉光部和1946年的韩练成的46军，均是来自内陆武器精良、训练有素的正规军，中国共产党领导的琼崖武装力量很

第3章 土地革命时期马克思主义在海南的实践

难与之对抗。因此，武装斗争除了要有一片地势险要、自给自足的根据地，还需要与外部干涉势力的登陆点具有一段缓冲空间。海南革命的中心从母瑞山、六连岭最后定格在五指山，正是这个原因。母瑞山与六连岭离反动势力登陆点太近，地势不够险要，难以抵挡优势敌人的进攻。但是中国共产党领导的革命武装的中心转移到五指山之后，情况就大为改观。五指山的腹地更加广阔，而且地势更为险要，与反动势力登陆点海口有一定的距离，这些有利条件使中国共产党领导的武装力量面对1946年全副美械装备的国民党46军的疯狂围剿也能站稳脚跟。甚至1949年国民党10万人马撤退到海南岛之际，也无法消灭已经深深扎根于五指山革命根据地的琼崖共产党武装力量。冯白驹同志指出："没有这个根据地的建立，我们就不会有1948年中秋与1949年春季攻势的伟大胜利，没有这个根据地的建立，我们就会很困难或不可能应付国民党在中华人民共和国成立前夜那样压倒性优势力量的进攻；也可以这样说，没有这个根据地的建立，对于配合大军渡海登陆作战解放海南的任务，非但会受到影响，恐怕甚至不能起多大作用。"❶

困难之三是开展武装斗争的军事人才奇缺。武装斗争越发展到现代战争专业性越强，无论是基层连排级指挥人才还是中高级指战员，都需要接受很长时间的军事教育才能胜任。民国时期海南教育极其落后，全岛没有高校，仅有中学与一所中等师范学校，内陆不少省份有军事学府，如保定军校，云南的讲武堂，广东的燕塘军校和黄埔军校等。没有本土军校，开展武装斗争的军事指挥人员只能

---

❶ 中国共产党的光辉照耀在海南岛上 [J]. 琼岛星火, 1981 (4): 8.

由广东省委从内陆选派。土地革命时期广东军委书记李硕勋、红军时期第二独立师第一任师长梁秉枢、琼崖红军东路总指挥徐成章、椰子寨战斗中光荣牺牲的杨善集、解放战争时期的李振亚和庄田等人，这些军事指挥人才，都是党组织委派到海南开展武装斗争的骨干力量。海南本地开展培养军事人才的行动也是这些人带动的，李振亚协助党组织在六连岭成立抗日军政学校，培养本土的军事人才，而在此之前，都是依靠内陆输入军事人才。师团级高级指战员的人数不多，基本还可以靠外部输入，但是基层连排级干部却无法大量从外部输入。基层军事人才的缺乏，一方面导致中国共产党领导的琼崖武装力量的战术水平较低，另一方面也使得高级指战员伤亡增加。土地革命时期，武装斗争中牺牲的高级指战员有杨善集、徐成章和冯平。杨善集曾留学苏联，与聂荣臻元帅是同学，回国之后曾担任广东省委书记，是能文能武的人才。徐成章毕业于云南的讲武堂和黄埔一期，参与建立中国共产党领导的第一支武装力量——铁甲车队，他参与创办《新琼崖评论》，撰写大量政论文章，是一个文武双全、不可多得的人才。冯平也是一位曾经留学苏联的共产党人。党的这些宝贵的军事指挥人才，在武装斗争开始的早期就英勇牺牲，一方面反映了琼崖武装斗争的残酷性，另一方面也反映了基层连排级干部缺乏军事指挥能力，中高级指战员不得不亲临一线指挥作战，增加了伤亡的可能。

困难之四是海南地处中国南海，远离中央，在通信条件不发达的民国时期，曾经两次与中共中央失去联系，不得不独立开展武装斗争的探索。下级服从上级、全党服从中央是中国共产党重要的建党原则，作为中国共产党的下属单位，与上级的联系不仅意味着经

第3章 土地革命时期马克思主义在海南的实践

济上可以得到接济，人才得到补充，更重要的是获得相应的宏观战略指导，因此作为地方组织与中共中央的联络是非常重要的。冯白驹将军曾回忆："在1946年9月间，恢复了中央对我们的领导关系，这是一个重大的胜利。和中央建立电台联系后，我们有了中央的领导，我们的工作便有了明确方向和更有信心了。中央首先要我们建立五指山根据地，中央这个指示，对琼崖人民革命斗争来说，是具有深远的、伟大的意义的，我们毫不犹豫地接受了指示。"❶ 作为地方党组织，在革命发展的宏观战略上不免有雾里看花、坐井观天的片面性，在这个层面上急需中央层面关于国际局势和国内形势方面的指导，如引文所述，中共中央的指导是具有战略性并具有决定性意义的重大决策。五指山革命根据地的重要性前文已有所提及，这一前瞻性的关键决策来源于中央的指导。除电台联系外，1930年春节期间，冯白驹同志曾经赴上海向中央汇报琼崖工作，在此期间受到了李立三和周恩来的接见。周恩来同志鼓励冯白驹说："你们琼崖党抓住了红军，抓住了农村革命根据地，抓住了苏维埃政权，这三件大事很好，今后，只要紧紧依靠群众，高举武装斗争的旗帜，坚持斗争，一定能够取得胜利的。"❷ 周恩来的讲话虽然简短，但是给琼崖革命指出了明确的方向，群众路线、武装斗争、苏维埃政权建设这些原则性的指导方针，使得琼崖共产党人即使在与中央失去联系期间，也能大致坚持正确的方向。因此，琼崖革命能够最终取得胜利，离不开中共中央的坚强有力的领导。但是在革命进程中，由

---

❶ 冯白驹. 冯白驹同志关于琼崖纵队通信联络情况回忆 [J]. 琼岛星火，1994 (20)：15.

❷ 冯白驹将军传 [J]. 琼岛星火，1981 (3)：23.

于险恶的斗争环境和通信人才的缺乏，琼崖地方党组织两度与中央失去联系，而且失去联系时间长达六年，在这样困难的情况下，琼崖共产党人凭借坚定的信仰坚持下来并最终取得胜利，这与全国其他地方的根据地相比是难能可贵的。

琼崖开展武装斗争的优势在于地处中国南海，处于敌人统治的薄弱地带，敌人反动势力难以长时间对革命势力形成优势压迫。造成琼崖革命重要损失的如蔡廷锴部、陈汉光部和韩练成部，由于国内斗争形势的发展，不能长时间驻扎在琼崖，都是迫于内陆革命形势的发展而撤离琼崖。因此，琼崖革命斗争的一个优势就是孤岛不孤，虽然海南岛四面环海，与内陆隔着36千米的海峡，但是琼崖共产党人领导的革命与全国革命紧密相连。党中央和广东省委从外部不断输入人才，进行政策指导，保证了琼崖革命的大方向与全国一致。作为中国共产党领导的全国革命的一个有机组成部分，琼崖的武装斗争也为全国革命形势的发展做出了自己应有的贡献。在第二次国内革命战争时期，琼崖革命根据地军民奋战孤岛，牵制敌人力量，紧密配合南方各根据地的反"会剿"和反"围剿"斗争。1928年年初，琼崖革命根据地牵制国民党一个师的兵力有一年多时间，使之没能抽调兵力增援，无法进攻井冈山红军，从而支持了井冈山红军粉碎敌人多次"进剿"的伟大斗争。1929年，琼崖革命根据地军民又牵制了陈策的海军陆战队一个团（后扩编为三个团）的兵力。自1930年年底到1931年秋，在中央红军三次反"围剿"斗争期间，琼崖革命根据地军民积极打击敌人，开展土地革命，扩大革命根据地，使敌人受到沉重打击，敌人的海军陆战队的三个团被迫困守在海口、嘉积、金江三个孤立据点，不能过海参加蒋介石发动的对中央苏区的三次"围剿"。❶ 其他突出的例子就是省港大罢工与海南革命相互支持、共同发展、良性互动。省港大罢工与海南革命斗争形势的发展有密切关系，先是广州革命形势影响海南民众，推动了反对军阀邓本殷的斗争。其后海南人民大力支援省港罢工，琼岛革命形势进一步高涨，直接推动了1926年夏中共琼崖"一大"的胜利召开。在长达一年多的省港罢工期间，广州革命阵营与海南各界民众相互支持和配合，使斗争取得胜利，成为整个国民革命之重要组成部分。❷

与内陆紧密联系、休戚与共，是海南革命取得胜利的关键因素。很难想象，如果当时的琼崖共产党人自我封闭、闭关自守，琼崖革命是一个什么局面。现在，以史为鉴，党中央站在全国改革开放的大局，做出了海南建设自由贸易区和探索建设中国特色自由贸易港的重大决策，更是彰显了开放是海南发展的关键，海南未来的发展，要深化改革，积极融入国内市场，更要凭借"一带一路"桥头堡的区位优势，积极融入国际市场，以开放包容的姿态迎接全世界的客人。开放包容是海南发展的关键，这也为革命历史所证实。

海南革命的一个优势在于狭小空间带来的纠偏及时性。狭小的空间是海南革命的一个劣势，主要是没有办法通过迂回这样的空间置换的办法使革命重新焕发生机。这是与内陆革命不一样的地方。内陆的共产党人，经常可以通过迂回长征来化解敌对势力的围剿，如中央苏区在第五次反围剿失败之后通过长征到达陕北，使中国革

---

❶ 陈永阶. 琼崖革命根据地斗争史 [J]. 中山大学学报，1982 (4).
❷ 张晓辉. 省港大罢工与海南革命斗争 [J]. 红广角，2013 (4).

命重新获得生机；张国焘、徐向前领导的鄂豫皖苏区在国民党重兵围剿下突出重围开辟了川陕苏区。在这方面，由于空间有限，琼崖共产党人不太可能通过长征等空间置换、开辟新区等方法化解革命危机。他们必须在有限的空间里与敌人展开殊死的搏斗，因此，海南革命的一个突出特点就是牺牲大。城市中心论是中国共产党早期武装斗争曾经走过的弯路，琼崖共产党人也不例外。由于未能认识到开辟农村革命根据地的重要性，琼崖特委一度迁入敌人力量强大的海口，这一错误的决策在现实面前马上碰得头破血流，两任特委书记黄学增和官天民先后被捕牺牲。琼崖共产党人不得不从血的教训中认识到开辟农村根据地的重要性。肃反问题是中国共产党人容易犯的"左"倾错误，一方面是对敌残酷斗争的需要，另一方面是内部信仰纯洁性的要求，越是追求信仰纯洁的政党对背叛越不能容忍，导致共产党人早期在肃反问题上屡次犯"左"倾错误。在这方面，琼崖共产党人也不能例外。但是琼崖共产党人的肃反问题，危害相对较小，纠偏更加及时。其中的重要原因就是空间有限，一旦错误决策，后果马上显现，能够及时纠正错误。

　　海南革命的另一个优势就在于琼崖共产党人在实际斗争中锻炼出的独立自主探索适合本地区实际革命道路的可贵精神。远离中央，两度与中央失去联系，是琼崖共产党人武装斗争面临的困难，但是只要信仰坚定、迎难而上，劣势也可以转化成优势。在远离中央甚至与中央失去联系的情况下，琼崖共产党人被迫从实际出发，独立探索革命中遇到的问题，形成了"不唯书、不唯上、只唯实"的可贵精神。冯白驹同志指出："海南党组织不得不在很多时候独立地解决一些重大问题（当然仍是在党中央和毛泽东同志的总的方针之

第3章　土地革命时期马克思主义在海南的实践

下），这对于海南党组织的锻炼是大有帮助的。"❶ 马克思主义中国化的题中之意就是马克思主义的基本原理与中国实际相结合，既不是王明教条主义的"国际主义"，也不是"武装保卫苏联"式忤逆民族情感的口号。毛泽东思想的精髓就是反对本本主义，一切从实际出发，主观认识要符合客观实际，在实践斗争中实现主观与客观的统一。马克思主义中国化具体到某一地区，就是与这一地区的实际结合，包括这一地区的地理环境、经济社会发展情况和传统人文环境等内容。作为地理独立的海南岛，其独立的地理环境和与内陆迥异的传统文化乃至思维方式决定了琼崖革命道路的特殊性。琼崖革命是中国共产党领导的革命的一个重要组成部分，与全国的革命形势密切相关，具有一定的普遍性。同时由于琼崖地处中国南海，地理与文化的差异又使得其革命的道路具有一定的特殊性。因此，琼崖共产党人的困难就在于如何在琼崖革命道路的普遍性与特殊性之中寻找平衡，既不能千篇一律地照搬别的地区的成功经验，也不能闭关自守、闭门造车。历史证明，琼崖共产党人很好地把握了琼崖革命道路的普遍性与特殊性之间的关系，在两度失去中央指导的情况下，一切从实际出发，探索结合本地实际的革命道路，发挥可贵的敢为人先的创造精神，其若干创举非但没有偏离中国革命的主航道，而且难能可贵的是，一些探索的成果还领全国风气之先。土地革命期间，琼崖土地改革的很多措施就较为切合斗争实际，在全国有领先意义。如最早实行"没收一切地主土地及公田（如祖尝田等）的政策"，而不是"没收一切土地"。最早提出"以乡为单位"

---

❶ 中国共产党的光辉照耀在海南岛上[J]. 琼岛星火, 1981 (4): 4.

"以肥瘦为标准""抽多补少""抽肥补瘦"的分配原则。最早规定给地主家属分配土地,给以生活出路。最能体现琼崖共产党人结合本地实际探索革命道路的独立自主精神的是琼崖革命史上的两次关键选择,对上级"北撤山东""南撤越南"的命令,他们没有简单机械地执行,而是本着对历史和人民负责的态度,向上级陈述留下来坚持斗争的信心和能力,最终党中央和毛泽东也首肯了以冯白驹为首的琼崖共产党人的意见:"你们的意见很对。你们应当坚决斗争、扩大军队、扩大解放区,学会集中主力打运动战,争取每次歼灭敌军一营一团,同时发展民兵游击队,配合主力作战。你们应以占领整个海南岛为目标,将来再向南路发展。你们《坚持自卫反击的决议》是正确的。"❶

3.1.2 琼崖武装斗争的基本进程

中国共产党领导的琼崖武装斗争大致分成几个阶段,一是初始阶段,这一阶段的特征就是琼崖共产党人以大规模的武装暴动反抗国民党反动派的屠杀。由于斗争处于初期,加之怀着为同志复仇的情绪,对武装斗争的复杂性和规律性把握不足,恨不得毕其功于一役,对集中优势兵力、先打弱敌再打强敌等战略战术认识还不到位。这一阶段的斗争规模大,也取得了一些成果和影响,如两度攻占陵水县城,但是损失也比较大,杨善集和陈永芹两位重要领导人的牺牲就是例子。1927年蒋介石发动"四·一二"反革命政变后,琼崖

---

❶ 毛泽东. 壮大力量以占领整个海南岛为目标. 1946-10-30. 原件存于中央档案馆。

第3章 土地革命时期马克思主义在海南的实践

国民党反动派黄镇球也于4月22日发动了反革命政变，全岛共产党员和革命群众三千人惨遭逮捕、杀害，琼崖人民的革命斗争受到了重大损失。面对这个血的教训，琼崖共产党人开始认识到武装斗争的重要性。为了武装反抗国民党反动派的屠杀，在中共琼崖地委的领导下，开始深入农村，发动群众，恢复党组织，把各地农军和农民运动讲习所的学员组织起来，武装反抗国民党反动派的屠杀。从以上历史史实可以看出，一是中国共产党领导的武装斗争的缘起是国民党背叛革命，大肆屠杀中国共产党人，中国共产党人的武装斗争是被迫为之，有自卫性质。二是琼崖共产党人武装斗争的起点是非常低的，冯白驹同志在《中国共产党的光辉照耀在海南岛上》中指出："共产党员赤手空拳奋起进行武装斗争。"❶ 与内陆的武装斗争相比，琼崖共产党人掌握的武装力量非常薄弱，只是各地的农军和农民讲习所的学员。而内陆革命的三大起义，都是中国共产党掌握的正规军，如广州起义、南昌起义和秋收起义。广州起义和南昌起义都是原国民革命军的正规军，而秋收起义由正规军、安源煤矿工人和部分农军参加。琼崖共产党人面对国民党反动派的屠杀，却缺乏一支正规武装力量来进行反抗。党中央曾经策划由张云逸同志率领一支武装力量占领琼崖，但是由于计划泄露没有成功，此后直到解放军解放海南，除了派遣少数指战员外，中共中央并没有从内陆调入正规的武装力量，只是由本地共产党人领导的农军和部分国民党起义部队慢慢在实际斗争中发展壮大。初始阶段早期的特征就是仍然举着国民党左派的旗帜，并未亮出中国共产党自己的旗帜。

---

❶ 中国共产党的光辉照耀在海南岛上 [J]. 琼岛星火，1981（4）：1.

1927年5月12日，万宁农民武装在该县农民运动办事处主任杨树兴的领导下，在万宁四区军寮岭伏击前来进犯的国民党军队，阻止了敌人对六连岭山区农军的疯狂进攻。这是琼崖人民在党的领导下，高举战旗反击国民党反动派的第一仗。在军寮岭战斗之后，袭击了博鳌港海关，取得胜利，缴获了敌人的全部武器。❶ 根据广东区委指示，1927年7月，中共琼崖特委成立了琼崖革命军事委员会，并将各地农民武装改编为"讨逆军"。这是琼崖共产党人掌握的第一支工农武装，在中国共产党武装斗争史上也是比较早的，时间上早于三大起义，是中国共产党建立工农红军的准备阶段。

1927年9月，为了反抗国民党反动派的血腥屠杀，加强对全琼武装斗争的领导，琼崖特委决定正式打出中国共产党人自己的旗帜，成立"琼崖工农革命军"，以冯平为司令，陈永芹为副司令，杨善集为党代表，下设东路、中路、西路三个指挥部。9月中旬，琼崖特委根据广东省委的指示，响应秋收起义的号召，组织了一次较大规模的军事行动——攻占琼崖第二大市镇——嘉积。由于天气因素，各路部队未能及时赶到集合地点，特别是王文明率领的队伍，由于万泉河水暴涨无法渡河。孤军作战的杨善集和陈永芹率领红军攻下嘉积外围椰子寨，敌军从嘉积增援，红军先胜后败，杨善集和陈永芹牺牲，这是海南革命的重大损失。琼崖革命二十三年红旗不倒的起点就是椰子寨战斗，在这个标志性的起点上，就牺牲了两位重要的领导人，确实是革命的重大损失。杨善集同志在椰子寨战斗之前，就有人担心他的安危。时任琼崖工农红军司令部政治部主任郭儒灏

---

❶ 郭儒灏. 大革命时期海南革命斗争的一些回忆［J］. 琼岛星火，1982（8）：83.

第3章　土地革命时期马克思主义在海南的实践

回忆，谢育才战前曾经对他说，善集同志责任重大，又有些近视，每次战斗他都亲临指挥，危险性太大，谢育才建议郭儒灏阻止杨善集亲临前线指挥。郭儒灏如实向杨善集建议，杨善集对郭儒灏说，这个道理我懂，但目前时机还不成熟，我不上前线，无以鼓励士气，提高同志斗志。❶ 结果谢育才的顾虑成了事实，琼崖武装斗争初期，基层指挥人才匮乏，高级指战员亲临一线，发挥了共产党人先锋模范作用，但是损失也比较大。

这一时期虽然以单纯的武装斗争为主，琼崖共产党人怀着满腔义愤反抗国民党反动派的屠杀。但是琼崖共产党人并未被复仇的情绪冲昏头脑。武装斗争的另一方面——统一战线在这一时期开展得也是有声有色。武装斗争、统一战线和党的建设是中国共产党在民主革命的三大法宝，琼崖共产党人比较好地把这三者结合在一起。第一阶段统一战线的工作主要是土匪运动工作和民族工作。争取土匪武装和黎族苗族群众的支持，使他们不与革命者为敌，孤立敌人，使红军可以全力对付国民党反动派。

第二阶段是武装斗争与创建根据地相结合的阶段。1927年11月，广东省委派杨殷同志到琼崖指导工作，传达"八七会议"精神。在乐会四区白水磜村（今琼海阳江镇）召开党的扩大会议。这次会议的重要意义是传达了中央关于武装斗争的精神，同时也指出，武装斗争不能只是单纯地搞暴动，武装斗争要深入开展，就要与苏维埃政权建设和土地革命结合起来，这样才能获得一块立足之地和人民群众的支持。会议听取了杨殷传达上级的指示，通过了《特委第

---

❶ 郭儒灏. 大革命时期海南革命斗争的一些回忆 [J]. 琼岛星火, 1982 (8): 84.

一次扩大会议案》和《新的军事计划》。决定集中力量夺取陵水、万宁、崖县、临高,然后会师与全琼民众做一个最剧烈的暴动去夺取全琼崖。会议选举王文明担任特委书记,徐成章负责军委工作并兼任东路指挥。白水磉会议在海南党史上具有重要意义,琼崖共产党人开始突破单纯军事观点,走上了创建革命根据地更好地开展武装斗争的正确道路。在根据地内部进行苏维埃政权建设和土地革命,有利于长期开展武装斗争和获得人民群众的支持。历史上的农民起义大都是失败,一个重要的历史教训就是流动作战,无稳固后方,这就是毛泽东同志批判的"流寇主义"。琼崖的武装斗争经过半年的暴动,有成果也有教训,在党的"八七会议"方针的指导下,武装斗争有了新的斗争方向。但是这不意味着琼崖武装斗争从此走上了一帆风顺的康庄大道。白水磉会议虽然认识到了建设根据地的重要性,并且尝试苏维埃政权建设,但是这个根据地建在城市还是农村,当时还是很模糊的。1929年11月25日,徐成章率领革命军在农民的配合下第二次攻占陵水县城,建立了琼崖第一个苏维埃县级政权,在华南地区也仅晚于海陆丰苏维埃位居第二。受党中央"左"倾错误的影响,1928年,广东省委命令琼崖特委迅速组织全琼总暴动,夺取政权。这说明"城市中心论"的思想在琼崖革命中的影响很大,琼崖共产党人付出血的教训才认识到在敌人统治薄弱的地方建设根据地,走农村包围城市的道路才是革命的正确道路。广东省委夺取全琼的计划没有考虑到夺取敌人统治力量强大的城市的时机还不成熟,特别是当张云逸带领国民革命军第四军、第五军各一个营抵琼招兵,准备配合琼崖工农红军夺取海口时,张云逸部竟被敌人悉数缴械,经营琼崖计划遭到了挫折,加上广州起义失败,全国革命进入低潮。琼崖敌人力量又大大增加。经营琼崖计划已是无法实现了。在敌强我弱的情况下强行进攻城市,结果夺取万宁县城的行动失败,琼崖军事重要领导人徐成章同志在攻占分界墟时牺牲,琼崖工农红军受到重大损失。这是执行城市中心论"左"倾错误路线后琼崖武装斗争遭受的一次重大损失。

1928年2月28日,在乐会四区的阳江墟召开了党的第二次琼崖代表大会。大会通过了暴动、政权建设、土地分配、职工运动、士兵运动等项决议,这次会议标志着琼崖第一次土地革命高潮的到来。

随着军事上的进展和土地革命的深入,琼崖红军队伍和党的组织有了较大的发展。1928年四月至五月间,红军进行了整编,取消了三路军指挥部,编成三个团。正规红军有一千二百多人,农军三千人,刀串队约一万人。❶

1. "城市中心论"与第一次反"围剿"的失败

琼崖武装斗争和土地革命如火如荼地开展,引起了国民党反动派的恐惧,1928年3月中旬,国民党当局派第11军第10师蔡廷锴部三个团及谭启秀独立团到琼崖围剿革命。琼崖武装力量面临第一次严峻考验,敌我力量对比悬殊。敌人正规军力量达到4000人,且装备精良、训练有素。蔡廷锴本人治军有方,蔡廷锴部的作战实力在国民党军中属于优秀系列,在淞沪抗战中,蔡廷锴与蒋光鼐的十九路军曾一战成名。而红军正规军不过1400余人,且装备与敌人有

---

❶ 中共琼崖特委代表在中央会议上的报告[G]//中共广东省海南行政区委员会党史办公室,海南行政区档案馆. 琼崖土地革命战争史料选编. 海口:[出版者不详],1987:336.

很大的差距，主要是枪弹不足。应该说，在强大的敌人面前，适当的退却是必要的，要避其锋芒，在游击战和运动战中寻找时机消灭敌人。可惜此时，党中央与广东省委执行"左"倾盲动主义路线，认为琼崖"仍是夺取全岛的局面"，仍然要求琼崖特委完成割据，向广州发展，夺取政权。在敌我力量对比接近5∶1的情况下要求夺取全岛，显然是不可能完成的任务。在敌人的强大进攻下，琼崖红军中路和西路遭受重大损失，红军总司令冯平、政治部主任符节先后被捕牺牲。这是继杨善集、陈永芹与徐成章牺牲之后，琼崖革命又一重大损失，琼崖革命由此转入低潮。

面对强敌进攻造成的重大损失，为了统一思想，加强反"围剿"斗争的领导，琼崖特委于1928年6月5日召开琼崖共产党第三次代表大会，选举王文明担任特委书记。但是新的特委班子工作还不到半个月，广东省委派巡视员黄学增巡视琼崖并担任特委书记。之所以改组琼崖特委班子，是因为感到琼崖特委贯彻省委主张不积极，但是这一改组并未收到良好的效果。当前革命的主要矛盾是敌强我弱，要适当地隐蔽力量，深入农村发展群众，长期坚持，利用敌人正规军调离琼崖之际再起革命高潮。但是当时的广东省委坚持"城市中心论"，1928年1月、4月、5月、7月和1929年5月，省委多次指示琼崖特委党的工作要以城市为中心，明确提出"琼崖工作的中心，是海口市至嘉积市一带重要城市"，要"进攻海口""夺取海口""夺取全岛政权""完成全琼割据"。认为当前琼崖的主要问题是"右"倾错误，是由于城市和兵运工作没搞好，这样的决议对化解当时的危机无疑是缘木求鱼。1928年9月，新任特委书记黄学增坚决贯彻省委关于城市工作的指示，把特委机关迁入敌人统治力量

第3章 土地革命时期马克思主义在海南的实践

强大的海口，放弃对农村革命根据地的领导。这一决定马上遭到灾难性打击，由于当时的海口市区面积小，城市人口也少，广东省委派过来的干部是外地人，口音上很容易暴露，敌人的密探很容易根据线索找上门来。1929年2月与7月，琼崖特委在海口两次遭到敌人的破坏，两任特委书记黄学增、官天民被捕牺牲。特委陷入解体状态，无法在城市立足。

原特委书记王文明作为海南本地人，对海南情况比较熟悉，他坚决反对特委书记黄学增关于特委进城、放弃农村的决定，他同梁秉枢、王业熹等部分特委常委和委员组成临委，率领琼崖苏维埃机关和部分红军部队从乐会四区向母瑞山转移，开辟母瑞山革命根据地。冯白驹同志也反对琼崖特委进城，他认为党的领导机关搬进城市去，会削弱党对广大农民群众的工作，斗争就得不到他们的配合。而且海口没有产业工人，其他工人也很少，只靠发动敌军士兵起来举行暴动取胜，是不容易的，一旦被敌人发觉，还有覆灭的危险。母瑞山地处定安、万宁和乐会的交界处，地势较高，是琼东北部海拔最高的地方，最高的马鞍岭海拔500米。这里地势险要、交通不便，只有进去的路，出去只能原路返回，有着像葫芦一样的地形。这里山林植物茂密、古木参天，便于隐蔽，是开展游击战争的理想地区。母瑞山成为琼崖革命的最重要的根据地，两度保存革命的火种，成为"琼岛井冈"。王文明率领军民开辟耕地，创办红军干部学校，为琼崖革命的恢复和发展打下了基础。

2. 内洞山会议与城市中心论的克服

面对特委机关被敌人破坏、琼崖领导中枢瓦解的不利情况，冯白驹同志挺身而出，他较早得知了琼崖特委被破坏的消息，作为澄迈县委书记,他指出,特委机关是全海南的党组织、苏维埃政府、工农红军的领导中枢,我们要和各县县委取得联系,想办法重建特委。他随即向其他县委通报了情况并亲自去母瑞山向王文明汇报,他的提议受到王文明和其他县委的支持。1928年8月,在琼崖特委遭到严重破坏之后不到一个月的时间,在定安县内洞山召开了琼崖各县代表联席会议——内洞山会议。这一会议在琼崖革命史上意义非凡,堪称琼崖革命史上的"遵义会议"。会议有如下三大历史功绩。

一是重建琼崖革命的领导中枢。内洞山会议决定成立中共琼崖特委临时委员会(9月省委批准正式成立特委),并选举王文明、冯白驹、陈一先、傅佑山、谢翰华、蒙汉强(女)、符明经、王志超、熊侠九人为临时特委委员,会议请求省委"派员来主持特委",因而没有选举常委和书记。当时,王文明身患重病,已难以坚持工作,经他提议,由冯白驹主持临时特委日常工作。

二是纠正武装斗争中城市中心论的错误思想。琼崖武装斗争初期,由于怀着为战友复仇和考虑到攻占城市影响较大等因素,加之上级广东省委乃至党中央的指导方针都是攻占城市,为了实现这个目标,在武装力量还不具备优势的情况下,琼崖共产党人进行了英勇无畏的斗争,举行了一系列的暴动和攻打城市的战斗。虽然取得了一些成绩,如两次攻占陵水县城,但是付出的代价也是惨重的。敌我力量不对称导致激烈残酷的战斗使琼崖革命损失了一批重要的领导人,先是杨善集和陈永芹,后是徐成章和冯平,再后来是黄学增和官天民。在血的教训前面,琼崖共产党人终于意识到武装斗争的方向应是农村而不是城市,内洞山会议通过的《琼崖各县代联会的决议案》指出，琼崖党的斗争方针是立足农村，坚持农村为基地，积极发动群众，实行土地革命，恢复和发展农村革命根据地，恢复和发展党的各级组织和苏维埃政权，扩大红色区域，发展壮大工农红军和赤卫队。❶ 内洞山会议关于发展农村革命根据地的思想在琼崖革命后来的发展中很好地得到贯彻，后面虽然上级也有命令琼崖特委攻占海口，琼崖特委在执行的过程中果断停止了这种冒险行动，再没有发生强攻城市引起重大损失的情况出现，说明以农村为中心的思想已经深入人心。

三是充分认识到开展游击战争的重要性。从军寮岭阻击战开始的琼崖武装斗争，始终是以积极进攻为主，在受到来自内陆的国民党反动派正规部队围剿的时候，琼崖共产党人未能及时地收缩兵力，而是各自为战，结果被敌人各个击破。在残酷的反"围剿"作战造成的重大损失面前，琼崖共产党人开始认识到武装斗争的战术问题，在敌强我弱的情况下，一味地进攻并不是明智之举，避其锋芒、灵活机动的游击战才是弱者战胜强者的正确选择。游击战在世界战争史上一直存在，但是系统研究不多，直到毛泽东同志的《论持久战》的发表才使游击战在战争史上上升到理论的高度。中国共产党也是通过《论持久战》阐述的游击战理论，在抗日战争的实践中最终坚持到了抗战胜利。琼崖共产党人在斗争的实践中摸索到了游击战的重要性。内洞山会议决定："广泛开展游击战争，积极打击敌人。"特委专门发出题为《发动游击战争的先后工作》的23号通告，推动

---

❶ 徐冰. 琼崖革命的转折点——内洞山会议 [J]. 海南大学学报（社会科学版），1999（3）.

游击战在全岛的开展。1930年2月1日,琼崖特委给省委的报告再次指出:"各地农村单纯军事围剿小部分民团武装的游击战争,各县都(有)继续去进行,琼崖进到农村游击战争是很容易的与很快的。"❶ "各地农民群众的斗争情绪已经由反抗团费而至杀戮团长,有发展到游击战争的趋势。"❷ 这些情况表明,游击战的战术是符合琼崖斗争实际的,游击战的开展,推动了琼崖第二次革命高潮的到来。

3. 游击战的广泛开展与第二次革命高潮的到来

内洞山会议的另一大贡献就是冯白驹同志开始领导琼崖特委,从此琼崖共产党人有了稳定的主心骨和带头人,琼崖二十三年红旗不倒的武装斗争,有二十二年是冯白驹领导的,这在中国共产党人领导的根据地中也是罕见的。冯白驹同志是海南人,熟悉本土的风土人情,又上过大学,具有较高的文化水平,事实证明,他不愧被周恩来总理称为"琼崖革命的一面旗帜"。内洞山会议重建了琼崖特委,与此同时,围剿红军的主力蔡廷锴部调离琼崖,敌我力量发生变化,形势朝着对革命有利的方向发展。为了总结反"围剿"斗争的经验,1930年4月,琼崖共产党第四次代表大会召开,通过了利用敌人正规军调离的有利时机开展"红五月"攻势作战的决定,积极打击敌人。这次攻势作战中,一个游击战新的作战方式"蒸团猪"脱颖而出,很好地做到了消灭敌人、保存自己。在攻打民团据点的过程中,琼崖红军在重武器不足的情况下,并没有一味强攻,而是

---

❶ 中共琼崖特委给省委的报告[G]//中共广东省海南行政区委员会党史办公室,海南行政区档案馆. 琼崖土地革命战争史料选编. 海口:[出版者不详],1987:391.

❷ 同❶.

发动群众对躲在据点里的团丁发动袭扰作战,让团丁不得安宁。还通过挖掘地道的方式迫近敌人的据点,最后采取火攻,逼迫敌人投降。这种有效的游击战的方式拔掉了不少敌人的据点,使革命根据地连成一片,琼崖武装斗争从低潮慢慢复苏走向新的高潮。

1930年9月4日,在母瑞山根据地成立了琼崖工农红军第二独立师,该番号是经瑞金的中央苏维埃政府批准的。下辖两个团、一个独立营。不久扩充为三个团,全军1300余人,其中第三团在1931年5月成立了日后以"红色娘子军"彪炳史册的女子军特务连。到1931年年底,独立师发展到2000人,加上各县的武装和赤卫队,全琼工农武装达到8000余人的规模,琼崖武装斗争出现第二次高潮。

第二次革命高潮的实现,其中一个主要原因是蔡廷锴部调防使敌我力量发生根本性改变。蔡廷锴部调防后,敌人在琼崖的正规军只有海军陆战队的一个团,其余都是民团。另一个主要原因是琼崖共产党人在武装斗争的实践中成熟运用了游击战的战术,灵活机动地消灭敌人、保存自己,同时发动群众参与斗争。当武装斗争开展得如火如荼的时候,根据地建设,特别是苏维埃政权建设也是日益成熟,根据地内,苏维埃政权普遍建立。据不完全统计,已经成立或准备成立苏维埃政府的有9个县、58个区、380个乡。

4. 王明"左"倾错误的影响与第二次反"围剿"的失败

革命形势的发展绝不可能是一帆风顺的,正当琼崖武装斗争达到第二次高峰的时候,不利因素也在滋长。继李立三"左"倾冒险主义之后,通过六届四中全会,王明在共产国际代表米夫的扶持下成为中共中央负责人,王明年仅26岁就成为中共最高领袖,表明这一时期党还处于不成熟阶段。王明也不是一个合格领袖，他作为留学苏联的青年学子，没有任何实际斗争的经验，只是搬回来了苏联革命的成功经验，王明教条主义的本质是主观主义，没有从实际出发，理论脱离实际。盲目认为"革命高涨"，资本主义处于垂死挣扎的阶段，军事路线上主张"全线出击""御敌于国门之外"。这样的认识与当时的实际是相背离的，在这种"左"倾错误的影响下，琼崖的武装斗争不免受到影响。

1932年1月4日，中共中央直接致信琼崖苏区党组织，以严厉的措辞指责琼崖"没有对国际路线真正地去执行，相反的'右'倾机会主义与富农路线大大障碍了苏区中党的领导和苏维埃运动的发展"。甚至断定"琼崖党的领导，无疑是在富农以至地主分子手上"❶。在这样的压力下，琼崖武装斗争方向受到了极大影响，"左"倾错误使革命事业付出了惨重的代价。

代价之一就是发动了一场内部肃反，削弱了红军和党的力量。1932年1月4日中央给琼崖的指示信明确要求琼崖地方党组织开展内部肃反，"目前琼崖已经有了AB团改组派的活动……这是琼崖苏区最严重的危险，"要求"党对于肃反工作的领导，应毫不放松去执行，立即在苏维埃机关中。选择最可靠的工作干部，担任政治保卫处的责任……无情地肃清一切反革命的派别与党内的奸细"❷。在上级的严厉要求下，加之当时琼崖特委与琼崖团委在革命方针上发生

---

❶ 中共中央致广东省委指示琼崖苏区党部信［G］//中共广东省海南行政区委员会党史办公室，海南行政区档案馆. 琼崖土地革命战争史料选编. 海口：[出版者不详]，1987：336.

❷ 同❶，第249页。

第3章 土地革命时期马克思主义在海南的实践

严重争论,以及省委巡视员发现琼崖团委书记与社会民主党有特殊关系,同级团委和党委关系不正常等现象,琼崖特委发动了全面肃反运动。琼崖特委之前没有肃反经验,加之上级的指示总体是"左"倾的,因此,这次全面肃反留下了深刻的教训。肃反错误之一是逼供,先主观主义怀疑,接下来是逮捕严刑拷打,不注意收集其他客观证据,只看口供,盲目武断认定肃反对象是反革命。只重视口供导致被牵连的人越来越多,肃反越来越走向扩大化。琼崖肃反的另一个失误是用人不当,肃反应该由最有坚强党性和组织纪律性的精干人员组成,这样才能甄别出真正的敌人,避免伤及无辜,冤枉了同志。由于琼崖地处我国南海,信息不通,对很多新名词、新概念不甚了解,比如对肃反的对象社会民主党、AB团、托陈取消派组织都不是很了解,很难把握肃反对象的标准。《冯白驹将军传》记载:"实际上包括部分特委成员在内的许多人,对什么是AB团、社会民主党、托陈取消派组织等都搞不清楚,又采取逼供信等简单粗暴的方法,结果伤害了许多好同志或只有一般缺点错误的好人。"

这次负责肃反的王志超和潘霖,混淆了敌我矛盾的界限,把很多的底层骨干当成社会民主党和AB团,使党失去了很多优秀的同志,造成革命队伍内部思想混乱,群众也对党产生了误解,影响了红军的战斗力。《冯白驹将军传》指出:"肃反运动的后果是十分严重的,仅红军独立师就处死了200多人。不少被错杀的同志表现了至死忠诚于党、忠诚于共产主义事业的高尚革命精神,感人至深,可歌可泣。乐会、万宁两县苏区也错杀了不少基层干部。"

冯白驹作为琼崖特委的主要负责人,后来回忆这次肃反沉痛至极:"在肃反工作中,我们的损失实在太惨重了,党政军干部几乎损

失了一半，领导上工作都处于最困难的境地……这些惨重的教训，我是一生不忘的。"❶

1932年7月，广东军阀陈济棠派其警卫旅长陈汉光率部三个团、一个特务营加空军第二中队1个分队共3000多人渡海作战，向琼崖苏区和红军进行第二次"围剿"。陈汉光部装备精良。此时琼崖红军正规部队仅1800人，装备也处于劣势。琼崖党组织面临敌强我弱的严重局面。这次围剿的特点就是陈部反应迅速，抵达琼崖马上发动进攻，而且为了配合军事斗争，还"军事政治，剿抚兼施"，妄图割裂人民群众与红军的联系。陈汉光的这次围剿，从强度上超过了1928年蔡廷锴部。针对这次围剿，琼崖特委受王明"左"倾思想影响，并未深刻认识到这次围剿的残酷性，只是一般性命令各个根据地各自为战，在强敌面前，没有适度退却保存实力，而是与敌人打阵地战，拼消耗。这样的作战方式对敌人来说是求之不得，对红军却是致命的。各根据地先是各自为战，先后被敌人打败，后来部队集合在母瑞山被迫与敌人决战，最后失败被迫突围。第二独立师重要领导人王文宇、冯国卿、郭天亭先后牺牲。琼崖武装斗争进入空前艰苦的时期。第二次反"围剿"的失败，客观是敌强我弱，敌军不仅人数多，而且是装备优良的正规部队，又有空军的配合；而红军不仅人数少，而且武器装备差，特别是红军弹药极端缺乏，难以连续作战。在主观上，特委作战方针不够明确，在敌人进攻面前被动作战，丧失了战场的主动权。冯白驹同志反思"各红军团在作战指挥上，没有发挥人民游击战争的优势，不善于避实就虚，分散游

---

❶ 李英敏. 琼崖人民领袖冯白驹[M].《新民主》报社，1946.

击,灵活机动地打击敌人"。当然,也不能求全责备,琼崖特委和红军的主要领导人缺乏与敌正规军作战的经验,敌人进攻非常迅速,特委难以做出有针对性、全局性的部署。另外一个方面的教训就是全琼革命分布不均衡,大部分集中在琼东北部,距离海口非常近,广大琼崖腹地五指山和琼西南地区力量薄弱,使得在强敌进攻之后没有退却的腹地。第二次反"围剿"的失败,教训是沉痛的。冯白驹同志在后来的自传中深刻自我解剖:"我们在军事上采取错误的战术,不是避实就虚,分散游击,相机集中歼敌一部,粉碎敌人重压,而是集中防御,处于挨打,中敌围歼阴谋,致使在母瑞山作战难以展开,后分路突围作战中受到严重损失,加上敌人跟踪穷追,我们就一败再败,陷于全军覆没。"

这次反围剿的失败,主要的原因是敌我力量的差距过大,另外也反映了琼崖特委主观上的认识失误。在武装斗争开展的地域选择上,应该说,琼崖特委是非常清醒的,完全克服了"城市中心论"的错误认识,坚持在农村开展武装斗争,建立根据地,因此,1930年在接到李立三关于进攻海口的任务时,在进攻海口的过程中红军受挫,琼崖特委就果断地停止了这次冒险。但是在肃反和游击战这两个问题上,琼崖特委的认识还是不深刻的。由于消息闭塞,缺乏肃反经验,导致了肃反扩大化削弱了红军的战斗力。在第二次反"围剿"之前,游击战已经如火如荼,取得了很好的效果,但是琼崖对游击战还处于感性认识阶段,还未上升到理论高度。在革命出现一定高潮的时候,在强敌进攻的时候,没有适当地开展游击战来保持自己,消灭敌人,反而在阵地战中消耗自己,陷入被动。经过这次深刻的教训,琼崖特委"比较深刻地理解了毛泽东同志提出的中国革命战争的特点和游击战争的战略战术的正确性，加强了对红军游击战争的领导，于一九三六年五月成立琼崖红军游击队司令部，并正确运用毛泽东的游击战争的战略战术，打击敌人，开创了革命斗争的新局面，红军力量又迅速发展起来"❶。此时，琼崖特委对琼崖武装斗争的主要形式和正确道路——游击战，有了深刻的认识。这种认识和经验非常重要，为接下来艰苦卓绝的抗日战争的游击作战奠定了基础。

第三阶段是秘密活动和分散游击的阶段。第二次反"围剿"的失利，使第二独立师大部分力量受到损失，琼崖武装斗争又一次陷入低潮，琼崖特委的主要领导人和一些红军战士依托母瑞山的呵护得以幸存。他们凭借坚定的信仰在母瑞山度过了最艰苦的 8 个月，为革命继续发展保留了珍贵的星星之火。最艰难的时刻，整个队伍只剩下 26 人：冯白驹、符明经、王业熹、刘天佑（红军庶务长）4 名干部，以及林天贵、林天德、林茂松等 20 名红军战士，还有王惠周（冯白驹爱人）、李月凤（红军炊事员）这两名女同志。经过 8 个月的坚持，冯白驹同志率领仅存的 24 人回到老家琼文地区，联络失散党员，恢复革命力量。陈汉光围剿之后，白色恐怖依然严峻，陈汉光在各地成立"清共委员会"，实行"区乡联防""十户联保"，规定"十杀"政策，妄图割裂党和人民群众的血肉联系，挤占和压缩党和红军的生存空间。但是敌人的高压政策并未得逞，经过耐心细致的工作，党和群众重新建立了联系。1933 年 6 月，为了重整旗鼓，迅速开展恢复工作，特委书记冯白驹在琼山县塔市乡茂

---

❶ 琼崖武装斗争史办公室. 琼崖纵队史［M］. 广州：广东人民出版社，1986.

第 3 章　土地革命时期马克思主义在海南的实践

山村主持召开了琼崖特委临时会议,琼文县委负责人应邀列席。在这次会议上,冯白驹同志总结了反"围剿"的经验教训,指出革命虽然遭遇了挫折,但是群众仍然强烈要求革命,只要发动群众,获得群众的支持,革命就能走出低潮,开创新局面。会议决定一方面派人寻找中央和广东省委,恢复组织联系;另一方面深入群众,联络失散同志,开展游击斗争,让群众觉得党和红军还在身边。由于这一时期陈汉光部仍然驻扎在琼崖,敌强我弱,主要的斗争形式是小规模的游击战。会议的另一项重大决策就是解决琼崖革命发展不均衡的问题,为了使对敌斗争有稳固后方和迂回空间,琼崖特委决定开辟琼西南部根据地,选派一些干部利用职业作掩护,到琼崖西南部的一些县、区进行活动,组成琼西南工作委员会,领导琼西南地区的党组织和武装斗争的恢复发展工作,使全琼革命斗争平衡发展。

1934 年 7 月,陈汉光旅的第二团奉命调离琼崖,其第一、第三团和旅部也于 9 月和 10 月陆续调离,这为琼崖革命武装斗争的恢复提供了良好的条件,敌我力量对比发生了改变。经过两年多艰苦的恢复工作,到 1936 年,大部分市县已恢复了党组织,党员人数有了进一步增加,红军游击队的力量也有了一定的发展。为了适应新的革命形势,加强对武装斗争的统一领导,1936 年 5 月,冯白驹在琼山县演丰乡锦山村主持召开了琼崖特委四届五次扩大会议,会议重建了特委领导班子,成员有冯白驹、王白伦、朱运泽、黄魂、肖焕辉、黄一清、陈根。琼崖革命武装斗争的恢复和发展,急需有一个统一坚强的红军战斗指挥机关。经过充分讨论,会议决定成立琼崖红军游击队司令部,朱运泽任司令员,王白伦任政治委员,以利加

· 131 ·

强红军的组织领导，进一步开展游击战争。到1937年5月，全琼红军游击队人数已发展到六十人，还有"在业红军"约二百人。这些"在业红军"不脱离生产，平时进行秘密的政治军事训练，必要时参加红军游击队的行动。❶ 琼崖红军游击队司令部的成立，表明琼崖武装斗争经过血与火的严峻考验，终于找到了正确的道路，就是开展游击战。纵观从椰子寨战斗到卢沟桥事变之间的琼崖武装斗争史，可以得出，什么时候游击战开展得好，革命形势就向前发展；革命遭遇挫折的时期，大都是抛弃游击战，攻打城市或者与敌人拼消耗的阵地战时期。在敌强我弱、装备弹药不足的情况下，琼崖武装斗争的主要方式是游击战，这是10年琼崖武装斗争实践经验的总结。

3.1.3 琼崖武装斗争的整体脉络

1927年至1937年，是中国共产党领导人民独立开展武装斗争、开展土地革命的时期。琼崖的土地革命十年，与全国是同步的，1926年琼崖地方党组织成立之后，琼崖的革命就纳入了全国的统一进程，并不是孤立地作战。从椰子寨战斗到卢沟桥事变爆发前的游击战，琼崖武装斗争经过了两次高潮、两次低潮，斗争艰苦卓绝，但是战斗不止、红旗不倒。它的主要特点和整体脉络与全国武装斗争有相似之处，经历了暴动、进攻城市，克服"城市中心论"进入农村建立根据地，领导土地改革发展根据地，"围剿"与反"围

---

❶ 中共琼崖特委给南委的综合报告［M］//中国抗日战争军事史料丛书编审委员会. 华南人民抗日游击队文献. 北京：解放军出版社，2015.

第3章 土地革命时期马克思主义在海南的实践

剿",内部肃反与"左"倾错误。不同之处在于内陆中国共产党领导的武装斗争,在遭遇重大挫折的情况下,是通过空间迁移的方式,开辟新区继续革命,迎来革命的复兴。红军在第五次反"围剿"失败之后,通过艰难的长征到达陕北,实现了从失败到复兴的蜕变。而琼崖武装斗争在遭遇严重挫折的情况下,由于空间有限,只能在原地等待敌我力量发生改变,进行艰苦的恢复工作。琼崖红军在遭遇陈汉光部重创之后坚持在革命老区苦熬待变,同时吸取经验教训,在时间上苦熬的同时注意在全岛开辟新的革命根据地,实现全岛革命的均衡发展。因此,可以说,琼崖武装斗争的策略是从时间和空间上双重发力。

琼崖武装斗争的整体脉络呈现为以下三个方面。

一是从单纯的武装暴动到武装斗争与根据地建设相结合。如前所述,琼崖武装斗争的起点是反抗国民党反动派对共产党员的屠杀,此前琼崖共产党人并没有领导武装斗争的经验。因此武装斗争的初期就是怀着为战友复仇的情绪开展暴动的,由于敌人主要在城市,暴动的主要标志都是攻打敌人驻扎的城市。敌我力量的显著差距以及攻打城市的失利,慢慢使琼崖共产党人冷静下来,转而到农村去开辟根据地,寻找革命的支持者并且积蓄力量。而要持久地开展斗争,解决武装斗争需要的兵员与物资,在与敌人对抗时有稳固的后方,必须建立根据地。武装斗争开辟根据地后,大力开展根据地政权、土地革命和经济文化建设,把根据地打造成稳固的革命堡垒。当然,到农村开辟革命根据地,走农村包围城市的正确道路,在内陆是以毛泽东同志为代表的共产党人走出的道路,在琼崖是以王文明为代表的琼崖共产党人走出的同样的道路。在当时广东省委和中共中央都坚持"城市中心论"的情况下,琼崖共产党人探索的武装斗争与农村根据地相结合的道路是难能可贵的。

二是从单纯进攻、被动防御到积极主动、进攻与防御相结合的游击战的转变。纵观琼崖土地革命十年的武装斗争,就是不断探索武装斗争主要形式的十年,最终琼崖红军游击队总司令部的成立,标志着琼崖武装斗争最终找到了灵活机动,进攻与防御游击相结合的游击战这一有效的保存自己、消灭敌人的有效作战方式。把历史的视野看得更远,把抗日战争与解放战争也纳入研究视野,就会发现,整个二十三年的琼崖武装斗争史,大部分都是以游击战的形式出现,之所以如此,就是因为整个二十三年琼崖武装斗争的历史进程,敌强我弱的态势没有变。这样的客观形势决定了琼崖武装斗争的主要形式是游击战,这是符合斗争形势的一项重要战略。受李立三"左"倾冒险主义和王明"左"倾教条主义的影响,琼崖共产党人在革命高潮的时期一度错误地估计形势,以为新的革命高潮已经到来,敌强我弱的局面已经扭转,与敌人决战的时刻已经到来,放弃游击战改为与敌人进行阵地战拼消耗,不是采取游击战的积极防御而是被动防御的时候,琼崖武装力量从而遭遇挫折。特别是第二次反"围剿"作战,红军独立师解体,红军只剩下几十人,在这样深刻的教训面前,琼崖共产党人终于明确了琼崖武装斗争的基本形式——游击战,游击战作为基本作战形式得到确立,为接下来艰苦卓绝的抗日战争做好了战术准备。

三是武装斗争从被动听从上级指示到主动探索革命道路的转变。琼崖武装斗争的进程,离不开党中央和广东省委宏观上的指导,但是来自错误路线的指导使得琼崖武装斗争两次受到挫折,城市中心论和肃反扩大化,都曾经给琼崖革命留下深刻的教训。在这些教训面前,琼崖共产党人明白了一个道理,马克思主义基本原理和上级的指示精神必须辩证地看,要与本地实际相结合,一味机械地执行上级的指示有可能犯大错误。琼崖共产党人由被动接受上级的指示到积极主动结合本地区实际探索革命道路,这种主动探索的精神是非常可贵的。由于地理因素的影响,琼崖党组织曾两度与上级失去联系,时间也比较长,如果没有这种主动探索革命的精神,琼崖革命就会陷入停顿甚至解体。结合本地实际开展革命,这正是马克思主义中国化的精神内核,邓小平同志指出,马克思主义理论从来不是教条,而是行动的指南。它要求人们根据它的基本原则和基本方法,不断结合变化着的实际,探索解决新问题的答案,从而也发展马克思主义理论本身。被动接受上级指示,琼崖革命是很难胜利的。要充分发挥革命者的主体性,结合本地实际,把马克思主义基本原理和上级的指示与本地区的特殊情况结合起来,因地制宜地发挥创造性,走琼崖特色的马克思主义中国化道路,革命才有希望取得胜利。这种主体性在解放战争时期北撤和南撤风波上表现得淋漓尽致,这与土地革命机械执行上级指示有了很大的区别,标志着琼崖共产党人在思想上成熟起来了。

3.2 耕者有其田——琼崖革命的土地革命

马克思主义是无产阶级和整个人类追求解放的强大思想武器,马克思主义追求人的解放,反对一切形式的压迫。马克思主义揭示的理想社会是共产主义社会，共产主义社会是自由人的联合体。"代替那存在着阶级和阶级对立的资产阶级旧社会的，将是这样一个联合体，在那里，每个人的自由发展是一切人自由发展的条件。"❶ 中国共产党领导的新民主主义革命，是以马克思主义为指导，为大多数中国人民的幸福和利益而奋斗的革命。马克思主义认为，经济基础决定上层建筑，要使人民真正获得解放，必须改变目前私有制的所有制结构。中国半殖民地半封建社会的基础是封建土地所有制，这是中国人民受压迫的制度根源。中国新民主主义革命的动力主要是农民，要想获得农民的支持，必须使农民获得看得见的物质利益，通过土地革命重新分配土地，实现耕者有其田，能获得农民的支持，使农民获得梦寐以求的土地从而提高劳动热情，实现生产力的发展。大革命失败之后，中国共产党领导的新民主主义革命，在抗日战争爆发之前的主要任务是开展土地革命。因为当时中国革命的核心命题就是土地改革，可以实现农民无产阶级对土地的占有。孙中山先生是中国土地改革的先驱，他提出了"平均地权"和"耕者有其田"的主张，得到了很多农民的拥护。但是孙中山先生的主张并没有在实际中得到贯彻，他逝世之后，国民党右派完全放弃了"扶助农工"政策，国民党政权成为大地主和大资产阶级以及帝国主义利益的代言人。在这种情况下，中国土地改革的任务就落在了中国共产党身上。琼崖新民主主义革命是中国革命的一个有机组成部分，琼崖虽地处中国南海，但是在土地革命方面却领风气之前，率先进行了一些有益的探索，积累了一些经验。由于信息传播的原因，琼

---

❶ 马克思恩格斯选集：第一卷［M］．北京：人民出版社，1995：294．

崖苏区土地革命的一些先进经验，并没有在其他地区推广，但是作为曾经的成功经验，对今天仍然具有一定的意义。琼崖苏区在土地革命领全国风气之先的表现有"四个最先"：最先开展没收分配土地；最先规定给地主家属留一份耕地，给他们以生活出路；最先提出"原耕不动，抽多补少，抽肥补瘦"的分配原则；最先实行对小土地出租者与地主区别对待，即对地主的土地实行没收，对小土地出租者的土地实行减租。❶ 与全国其他地方的土改政策相比，琼崖的土地革命比较符合当地、当时的实际，赢得了琼崖人民的支持。琼崖革命坚持二十三年，红旗不倒，在最艰难的时刻，琼崖人民依然选择支持中国共产党，说明土改政策深入民心，是琼崖革命得以长期坚持的关键因素。

3.2.1 琼崖土地的占有与分布状况

在自然经济时代，农民拥有土地的多少决定了其社会地位和经济状况，土地是农民的命根子。按照农村占有土地的多少，可分为以下几种阶级：一是地主阶级，地主阶级一般占有较多的土地，本人不从事劳动，以收取地租和发放高利贷为生。二是富农，富农一般也占有比较多的土地，自身的劳动力不足以耕种占有的土地，一般会使用雇工帮助耕种。富农与地主的区别是是否参加劳动和从事经营活动，地主一般收取地租，不参与实际的经营活动，完全是社

---

❶ 王礼琦，邢益森，武力. 琼崖革命根据地的经济斗争 [M]. 海口：海南人民出版社，1989：3.

会的寄生阶层，但是富农是参加劳动和经营活动的。富农之下是中农，中农占有的土地可以养活全家，部分使用雇工，中农与富农的区别是中农一般不放高利贷，在经济方面自给自足，没有剥削行为，属于革命的同盟者。中农之后是贫农，贫农占有的土地不足以养活全家，需要向地主和富农租地耕种，忍受着残酷的地租剥削。条件最差的是雇农，完全不占有任何土地，是真正的无产阶级，靠出卖自己的劳动力为生。琼崖的农民，虽然普遍都占有土地，但是占人口多数的是贫农和雇农。"上述四种农民，第一和第二两种人很少，最多的人数是第三种和第四种。"[1] 琼崖耕地的具体情况，由于封建时代土地丈量工作滞后，土地总量是一个糊涂账。这就是黄仁宇先生所说的封建时代没有实现"数字化"管理的原因。不过根据遗留的历史文献，还是可以看出琼崖土地占有情况的概貌。地主豪绅占有的土地在各个市县分布不均衡，南部陵水土地集中最为严重，地主占有耕地面积超过总耕地面积的一半。该县有四个大地主，八个中地主，被称为"南霸天"的张鸿犹一家占有良田四千多亩。陵水土地集中，农民生活在水深火热之中，因此该地农民的革命热情比较高涨，革命军队攻打陵水城的时候，农民多参与作战示威，积极性很高，陵水地区也产生了琼崖第一个县级苏维埃政权。琼东北部的文昌、琼山、琼东等县土地比较分散。除地主豪绅直接占有的土地，封建军阀及反动政府占有一定比例的"官田"外，代表封建宗族势力的"公田"也占一定的比例。个别地区公田的比例还是一定大，如文昌、乐会、定安三县公田占全部耕地的比例多达20%，琼

---

[1] 洪剑雄. 五一节敬告琼崖的农民 [J]. 新琼崖评论，1924（9）.

第3章 土地革命时期马克思主义在海南的实践

山、澄迈两县占15%，儋县最少也占5%❶。公田一般是族产，掌握在封建士绅手里，用于公共教育和基础设施的维护。公田租给农民耕种，在地租上与地主豪绅把持的私田并无不同。因此，这些公田"实际上也是地主阶级用来压榨无地和少地农民的绞索"❷。

农民不占有土地，需要向地主和富农租地耕种以维持温饱，封建军阀与乡绅阶层相互勾结，对农民进行残酷的剥削。邓本殷盘踞琼崖期间，每丁人头税抽银一元；"田亩捐"，每亩田收税银七元。❸除向封建军阀缴纳捐税外，地租和高利贷也是豪绅阶层压迫农民的两个手段。琼崖农村的地租很高，让租地耕种的农民不堪忍受。"一般豪绅地主主要以重租（季收谷物五成以上）和高利贷（年息一本一利，最重的叫'燕子钱'月息一本一利）剥削农民。"❹农民终日劳作，只能维持基本的生存。遇到婚丧嫁娶等大事，农民被迫向地主和富农借钱，忍受着高利贷的盘剥。土匪也是琼崖社会的一大隐患。在军阀、豪绅、土匪的重重盘剥之下，琼崖农民过着水深火热的生活。"苛税重捐，筹饷勒赎，奸淫抢掠，杀人放火，私铸伪银，强种鸦片的兵匪混乱的病态。"❺面对军阀、豪绅、土匪残酷的压迫，农民进行了自发的反抗斗争，但是由于没有先进政党的领导，这些斗争最后都没有取得成功。邓本殷为了扩充军费，每亩抽银七元，琼崖人民掀起了反抗捐税的斗争。"琼崖人民怨恶沸腾，毅然反

---

❶ 林春. 琼崖各县农业概况调查报告［M］. 广州：中山大学农学院推广部，1937：3.
❷ 王礼琦，邢益森，武力. 琼崖革命根据地的经济斗争［M］. 海口：海南人民出版社，1989：28.
❸ 王器民. 琼人还不急起自救吗［J］. 新琼崖评论，1924（9）.
❹ 罗文淹. 海南初期人民革命史资料［G］//中共海南省委党史研究室. 琼崖大革命史料选编. 海口［出版者不详］，1994：556－585.
❺ 徐天柄. 勇敢的琼崖农民［J］. 新琼崖评论，1925（26）.

抗——文昌县民已实行罢市，各县人民继而起者大有人在，可见民气之不可侮。"❶ 面对琼崖社会的另一毒瘤——土匪，琼崖农民也没有忍气吞声，而是做了坚决的反抗。"遂纠集匪徒廿余人，各配带驳亮枪一杆，前往抢劫，并掳了农民十余人。不意该农民群起数百人，手持刀盾（琼人俗呼为藤牌），向该匪等反攻，该匪不敌，乃鸟兽散，而所劫去款子及掳人，都全夺回。"❷ 农民自发式的斗争，难以持久，必须依靠革命政党的领导才能集合全体人民的力量。

经济基础决定上层建筑，要解除农民所受的压迫，必须从经济制度上解除农民受压迫的根源，就是改变封建土地所有制。"土地革命的完全实现，便是根本推翻封建阶级的基础。所以专只杀豪绅地主、焚田契、掘田堂等是不够的，必须要做到重行分配土地。"❸ 中国共产党成立之后，早期按马克思主义理论的指导，开展工人运动，取得了很大的成就，但是封建军阀对罢工的血腥镇压，让罢工等工人运动难以继续。中国工人力量有限，斗争手段简单无力，靠罢工等工人运动难以撼动中国的封建军阀和地主阶级。中国共产党在实际斗争中慢慢摸索出了农民运动的重要性，认识到农民占中国人口的大多数，农民是中国革命最重要的力量。以彭湃和毛泽东为代表的中国共产党人，开始着手培养农民运动骨干，开展农民运动的实践。1924年国共合作之后，毛泽东同志在广州开办农民运动讲习所，1924年8月，广州农民运动讲习所招收第二届学员，琼崖籍学员李

---

❶ 徐天柄. 琼崖人民反抗军阀重迫的第一声［J］. 新琼崖评论，1924（8）.
❷ 徐天柄. 勇敢的琼崖农民［J］. 新琼崖评论，1925（26）.
❸ 中共广东省委给琼崖特委的信［G］//中共广东省海南行政区委员会党史办公室，海南行政区档案馆. 琼崖土地革命战争史料选编. 海口：［出版者不详］，1987：15.

第3章　土地革命时期马克思主义在海南的实践

克明、潘汉波、吴天荣、林耀启、王克猷、周廷恩、张昌瑞、徐麟章、张昌隆、林无我、徐容、周德忠、梁燕伍、周泽天、周朝郁、徐树安、杨树兴、雷永铨、徐克贫经推荐、考试被录取，参加了为期两个月的学习。❶ 此后第三期、第四期、第五期均有琼籍学员参与学习，这些学员成为日后国民革命军光复琼崖之后开展农民运动的骨干分子。

1926年6月，中共琼崖"一大"在海口召开，选举产生了中共琼崖地委，从此琼崖农民运动有了领导核心。琼崖"一大"高度重视农民运动，发表了农民运动宣言，加强了对农民运动的领导，专门成立了农民部，由地委书记王文明兼任农民部部长。

积极开展农民运动，组织农会，把松散的农民组织起来，使琼崖农村的斗争进入一个新的阶段。在大革命时期，土地革命尚未提出，中国共产党领导的农民运动以减租减息为奋斗目标。"农民协会成立后，在党组织的领导下，开展对封建地主阶级的斗争，颁布命令，实行减租减息，销毁高利贷契约，收回被占的房屋和田地、耕牛，不准地主收回佃户的田地，不准地主囤积居奇，提高米价，从而在一定程度上改善了农民生活，提高了农民的生产积极性。"❷ 1926年9月，在中国共产党党员、海口郊区农民协会办事处主任冯白驹的领导下，五村乡农民进行了反霸护田的斗争并取得了胜利，打击了恶霸地主的嚣张气焰。

---

❶ 广东农民运动讲习所旧址纪念馆. 广州农民运动讲习所资料选编 [M]. 北京：人民出版社，1987：97-101.

❷ 吴克辉. 浅析中共琼崖一大召开前后农民运动的发展 [C] //竹林里风雷——中共琼崖一大学术研讨会论文选. 北京：中共党史出版社，2009.

农民拥有巨大的革命积极性，但是缺乏组织，非常松散，难以发挥应有的力量。要改变这种状况，培养农民运动的骨干就显得尤为重要。琼崖地区各市县学习广州农民运动讲习所，纷纷开办农训所。1926年8月，中共琼崖地委在海口开办琼崖高级农民政治军事训练所，由冯平任主任，周逸任政治部主任。1927年1月，第一期32名学员开课，学制三个月，这些学员成为农民运动的骨干。

农民运动难以改变过去数千年形成的利益格局，因此不能仅靠农民运动骨干和农民的几次示威运动去完成重大革命任务。农民追求翻身解放很难通过议会斗争等和平的方式完成，必须通过血与火的斗争才能完成。没落的地主阶级并不甘心退出历史舞台，它们总是千方百计做最后垂死的挣扎。为了对抗强大的封建复辟势力，组织农民自卫武装就显得十分必要，它不仅能巩固农民运动的成果，还能对地主阶级产生震慑作用，也能在匪患不断的琼崖保护农民的利益。1926年年底，在党的领导下，以农训所学员为骨干，先后在文昌、琼山、琼东、乐会、万宁等县和乡建立起不脱产的农民自卫队。❶一些地方的农民自卫军还颇具规模，临高成立的农民自卫军，有1000多条枪，2000多人。成立农民自卫武装是大革命时期开展轰轰烈烈农民运动的重要保障。国共合作的大革命最终走向失败，最根本的原因还是农民运动所要求的利益调整突破了革命统一战线所能容纳的范围。以减租减息为内容的农民运动已经不能满足农民的要求，他们迫切要求废除封建土地所有制，实现耕者有其田，这些

---

❶ 中共广东省委党史资料征集委员会，中共广东省委党史研究委员会. 广东党史资料：第五辑[M]. 广州：广东人民出版，1985：61.

主张势必引起地主阶级的反对。革命统一战线内部有人开始指责农民运动搞糟了，搞"左"了。革命统一战线的合作基础是打倒列强除军阀，但是在内部也不是铁板一块，以蒋介石为首的国民党右派代表大地主大资产阶级的利益，倾向于打压工农运动，实现与帝国主义的妥协。1927年4月，国民党反动派在琼崖发动"4·22"反革命政变，琼崖地委根据中共中央的指示，武装反抗国民党反动派的屠杀政策。在反抗屠杀的生死存亡时刻，琼崖共产党人并非赤手空拳任人宰割，前期农民运动成立的农民自卫军此时成了中国共产党掌握的武装力量。以各县的农民自卫军为主力，中共琼崖地委组织了讨逆军，每县为一路军，冯平为司令，杨善集为党代表。由此琼崖诞生了第一支人民军队，为接下来的土地革命斗争奠定了基础。

3.2.2　琼崖土地革命的若干创举

从反击国民党反动派的血腥屠杀开始，中国共产党人开始独立领导人民进行土地革命。土地革命并非一帆风顺，斗争道路是坎坷与曲折的。分配土地是关系到人们切身利益的重大变革，只有在革命高潮之后，建立了稳固的根据地，建立了苏维埃政权，革命力量占了上风，分配土地才具备了条件。而且因为土地革命不仅是土地的重新分配，还意味着基层权力结构的调整，意味着乡土文化的解体与革命新文化的建立。土地革命并不是一个简单的经济层面的利益关系的调整，还关系到人们观念的更新，文化的重建。因此这个过程不是一蹴而就的，而是充满了艰辛的探索。当时的琼崖共产党人，对土地革命的重要性早期是认识不足的，很多人没有认识到土地革命对革命的动员作用，而是认为土地改革应是革命成功以后的事情。"因此，大家当时都这样认识：这事等到将来革命政权普遍成立和巩固后才着手去做，现在就开始去做是靠不住的，而且使人心惶惶，对革命进行也是大大不利的。这样，所以当时琼崖的党并不是正正当当地把土改提到革命的日程上来，看作当前革命最重要的任务。"❶ 作为革命的领导阶段，对土地改革的认识尚且处于初级阶段，土地革命之处，作为基层的民众，对分配土地同样顾虑重重，由于传统观念的束缚，农民对分到手的土地，也是顾虑重重。"有些苏区中一些反动地主是跑到城市上去了，他的田地分给农民，农民也不愿意去种，思想上觉得总是人家的东西，怕人家报复。纵使人家不报复也觉得拿人家的东西，名义上也不大好听。"❷ 对新生事物的认识总是有一个过程，土地改革作为一个政治、经济、文化改革的系统工程，无论是革命的领导阶级还是普通民众，对它的认识是一个充满艰辛的探索历程。

琼崖的土地革命经历了两次高潮，一次是1927年秋到1928年秋，后因为蔡廷锴对革命的绞杀而陷入低潮。另一次是1929年秋到1931年冬的第二次高潮。1932年年初，由于"左"倾错误的影响，琼崖特委把主要精力放在内部肃反上，"整个工作都集中于肃反工作的执行。"❸ 没收土地和分配土地工作处于停顿状态，1932年8月，

---

❶ 罗文淹. 海南岛初期人民革命史资料 [M] //陈立超. 罗文淹研究资料. 北京：中共党史出版社，2010.

❷ 同❶。

❸ 中共琼崖特委给南委的综合报告：华南人民抗日游击队文献 [M]. 北京：解放军出版社，2015.

第3章 土地革命时期马克思主义在海南的实践

陈汉光对革命根据地进行了第二次残酷的"围剿",琼崖红军遭受重大打击,各革命根据地遭到严重破坏,土地革命陷入低潮。琼崖地区的土地改革主要发生在两次革命高潮之间,虽然时间不长,但是影响深远。

土地革命不是简单的暴动,而是一个阶级推翻另一个阶级的斗争。在武装反抗国民党反动派屠杀的革命暴动中,土地革命还处于早期,革命根据地也处于初创阶段。广东省委给琼崖特委的指示信就指出,要注意土地问题。"在琼崖的工作,切不可使其变为纯粹的军事行动,一定要含着显明的阶级斗争的意义,所以应注意以下各项:(一)屠杀土豪劣绅,根本上推翻其政权。(二)解除土劣地主之武装而武装工农。(三)没收大、中地主之土地分配与无地农民及佃户。"[1] 地主阶级凭借其经济和文化方面的优势控制了乡土社会的领导权,普遍成立了民团武装镇压农民的反抗。要解放农民,必须解除地主阶级控制的民团武装,武装农民群众,同时对一些罪大恶极、民愤极大的恶霸地主进行斗争惩戒,这样才能消除群众的恐惧心理,才能真正发动起来群众与地主作斗争,在政治上摧毁根深蒂固的封建势力,为下一步土地重新分配创造条件。在国民党反动派的屠杀面前,中国共产党人牺牲了大量优秀的同志。在土地革命的初期,怀着强烈的革命义愤,不免对惩戒地主阶级方面存在"左"的错误倾向。在广东省委给琼崖特委的指示信上,多次强调对地主阶级要毫不留情地惩戒,以消灭封建社会的阶级基础。但是琼崖特

---

[1] 中共广东省委致琼崖特委函——对琼崖工作的意见 [G] //中共广东省海南行政区委员会党史办公室,海南行政区档案馆. 琼崖土地革命战争史料选编. 海口:[出版者不详],1987.

委并未一味执行上级"左"倾的指示,在实际工作中注意区分了一般地主和恶霸地主的差别。这种温和理性的做法,受到了广东省委的严厉批评:"就是杀豪绅地主等初步工作,都没有做得充分,如陵水已经夺到全县政权,仅杀两个地主,岂不是笑话,这样绝无法铲除封建基础。"❶

解除地主阶级武装、惩戒地主、分配土地的第三个条件是苏维埃政权的建立。建立基层政权,才能切实废除原来的土地关系。"苏维埃一成立,便应马上宣布一切田契、借约作废,马上没收一切土地,实行分配土地。"❷ 农民得到了土地,获得了实实在在的利益,才能保卫苏维埃政权。琼崖土地革命初期,对苏维埃政权与分配土地之间的关系认识还不清楚,很多苏维埃政权因为未能及时开展土地革命而得不到农民的拥护,最终走向失败。陵水是琼崖第一个建立苏维埃县级政权的,但是持续时间不长又被迫退出。广东省委在给琼崖特委的信中总结陵水失守的经验指出,关键问题是土地革命不深入,"没有土地革命的深入。陵水占领,瞬将四月,但分配土地始终没有执行,迟迟到最近才开始,这样使农民得不到土地,不能更热烈地继续奋斗,他们不能认清为什么要干土地革命。"❸ 陵水失守问题,与土地革命有一定的关系,但是根本的原因还是在于当时对革命道路的选择问题。中国革命的道路是农村包围城市,这是国共力量现实对比下的正确道路。陵水苏维埃政权建在县城,势必遭

---

❶ 中共广东省委复琼崖特委信[M]//中共广东省海南行政区委员会党史办公室,海南行政区档案馆.琼崖土地革命战争史料选编.海口:[出版者不详],1987:6.
❷ 同❶,第20页。
❸ 同❶,第31页。

到反动势力强烈反扑,即使当时进行了分配土地等活动,也难以持久。琼崖第一次土地革命高潮仅持续一年的时间,多数苏区并不巩固,还在与敌人进行着激烈的战斗。大多数苏区由于严酷的战争环境,还处于打土豪、没收地主财物阶段,只有少数稳固的苏区进入了分配土地的阶段,其中以乐会四区为代表进行了比较成功的土地改革实践。

乐会四区是琼崖革命重要领导人王文明的家乡,革命基础好,琼崖特委在国民党反动派发动反革命政变时就来到了乐会四区,建立起琼崖革命第一块稳固的根据地。1928年1月,农民暴动胜利之后,区苏维埃政府召开农民大会,制定了《土地问题的临时办法》,3月制定了《土地分配办法》,这是琼崖历史上破天荒第一次以法律的形式废除封建土地所有制,反映了农民对土地的迫切要求。琼崖乐会四区的探索,在全国都处于前列,它是中国共产党领导的第二部关于土地的立法。第一部是1927年11月海丰县工农兵代表大会通过的《没收土地案》。❶《土地问题的临时办法》的主要内容有:"1. 土地权归农会,耕种权归农民;2. 没收地主及公田,除酌给家属耕种外,余者收归农会;3. 所有自耕农原耕之田地,仍暂由耕者耕管,但须向农会领取耕田证;4. 所有贫农未得田耕或者耕而不够食者,可切实向农会报告发给;5. 所有债项一律不还,以后借贷由农会担保。"❷

乐会四区的《土地问题的临时办法》是琼崖土地革命的第一次

---

❶ 江小华. 论琼崖革命根据地在土地革命中的创举[J]. 党史文苑, 2013 (8).
❷ 王礼琦, 邢益森, 武力. 琼崖革命根据地的经济斗争[M]. 海口: 海南人民出版社, 1989: 37.

尝试，可以看出，该土地办法比较符合琼崖的实际。第一是农民获得的是土地的使用权而不是所有权，这也是根据广东省委的指示确定的，广东省委的指示信里明确"土地所有权完全归苏维埃政府所有，绝对禁止私人买卖"。在革命的初创时期，还面临着反动阶级的反扑，革命政府必须掌握一定的经济资源以应对随时发生的战争，因此当时土地所有权归苏维埃，使用权归农民是合理的，保证了革命政府有汲取资源进行战争动员的能力。第二是体现了琼崖土地革命务实的一面，是没收地主和豪绅把持的公田，而不是没收一切土地，保证了中农、贫农的利益，也减少了对原来土地占有格局的破坏，只处理剥削者的土地，对自食其力者的利益保持原状。这一点很重要，广东省委给琼崖特委的指示是没收一切土地，但是琼崖特委没有机械地执行，而是"由县苏维埃政府没收一切土地重行分配给农民。分配土地的标准和方法（可仿照海、陆丰苏维埃土地决议案斟酌琼崖情形办理）。"❶ 如果按照上级的指示，原来中农和贫农的土地也要没收，这样对动员群众是不利的。琼崖特委只没收地主阶级的土地，保持原耕地不动的务实做法引起了广东省委的不满，广东省委还是希望彻底平分土地。"土地的分配在琼崖一开始免不了还是让原耕者耕种，但紧接着必须彻底分配，务使琼岛占多数的贫苦自耕农都多分给一点地。"❷ 同月，中共广东省委制订的琼崖工作计划大纲再次强调要分配一切土地："初没收时，自然将地主的土地

---

❶ 中共广东省委复琼崖特委信［G］//中共广东省海南行政区委员会党史办公室，海南行政区档案馆. 琼崖土地革命战争史料选编. 海口：［出版者不详］，1987：7.
❷ 中共广东省委扩大会议政治任务及其工作方针决议案［G］//中共广东省海南行政区委员会党史办公室，海南行政区档案馆. 琼崖土地革命战争史料选编. 海口：［出版者不详］，1987：24.

先行分配，但继着即须将自耕农的土地一并分配，这两个阶段中间并不必停留好久，最好能缩短到同时执行。"❶ 直到1928年9月，在稍后的指示信中，广东省委发现了这个问题，它肯定了琼崖特委的务实做法，省委做了自我批评，重申了"没收地主阶级的土地"，而不是"没收一切土地重新分配"。"从前我们提出'没收分配一切土地'这一口号，是拉拢雇农（特别是为拉拢半失业的雇农及家庭雇农），而不顾一切比较富裕之自耕农、佃农的利益，这在革命的策略上是错误的。"❷ 革命的目的是消灭剥削，而不是做到绝对平均主义。广东省委最终在这个问题上进行了总结："我们不应沉溺于彻底平分土地的空想，反转失却了自耕农的革命势力，模糊了农民阶级为消灭地主阶级及其走狗而战争的重大意义。"❸

对剥削者地主及其家属给予出路，分配给维持其生活需要的土地，这一温和理性的做法减少了地主阶级的复仇情绪，体现了革命的人道主义精神。在广东省委一再指示要无情地杀戮地主阶级的情况下，乐会四区的这一做法说明了琼崖特委并未一味机械执行上级的指示。

第三是体现了鲜明的人民立场，对自耕农耕种的土地保持原状，防止出现因土地调整破坏生产的情况。对贫农给予足够的支持，保证贫农的基本生活。

---

❶ 中共广东省委琼崖工作计划大纲［G］//中共广东省海南行政区委员会党史办公室，海南行政区档案馆.琼崖土地革命战争史料选编.海口：［出版者不详］，1987：40.
❷ 中共广东省委、团广东省委致琼崖特委信［G］//中共广东省海南行政区委员会党史办公室，海南行政区档案馆.琼崖土地革命战争史料选编.海口：［出版者不详］，1987：118.
❸ 同❷。

第四是明确砸烂了地主阶级剥削农民的枷锁——废除高利贷债务，解放农民。

《土地问题的临时办法》毕竟只是土改初期的尝试，在接下来的土地分配过程中，乐会四区农民代表大会在广东省委和琼崖特委的领导下进行了更加细致的分配原则："1. 将全区田产依全区人数分配，每人的两个工田外，余者归各乡苏维埃管耕，以便将来分配退伍兵士和失业工人；2. 分配田产以乡为单位，以肥瘦为标准；3. 各家依以前耕种之田分配外，余数抽出，不足者补；4. 土地分配之后，由区苏维埃发给土地使用证。"❶ 土地分配是一个复杂系统的问题，涉及各阶级的利益。琼崖乐会四区的土地分配，做到了原耕不动，抽多补少，抽肥补少，是很了不起的。在中央革命根据地，1929年7月才提出"分田时以抽多补少为原则"，后来发现，土地数量的平等并不等于真正的公平，因为土地有肥瘦问题，土地产出有很大的差别。在实际的土改斗争中，富农抽出来给农民的地，都比较贫瘠，邓子恢针对问题提出了"抽肥补瘦"的办法，这个办法于1930年年初在闽西实行。❷ 由此可见，琼崖乐会四区的土地分配，在全国领风气之先，是一次比较成功的尝试，做到了对土地相对公平的分配。

当然，乐会四区的土地改革，也有一些失误，具体表现就是规定每人分两个工田（等于1.25亩），余者归苏维埃管耕，结果造成了一些土地抛荒。"结果多出许多田留着不分而成为荒田，这更是很

---

❶ 中共琼崖特委给省委的报告 [G] //中共广东省海南行政区委员会党史办公室，海南行政区档案馆. 琼崖土地革命战争史料选编. 海口：[出版者不详]，1987：332.

❷ 王礼琦，邢益森，武力. 琼崖革命根据地的经济斗争 [M]. 海口：海南人民出版社，1989.

第3章 土地革命时期马克思主义在海南的实践

错误的办法。分配土地,总应就所有土地分配给所有需要土地的人耕种,决无留一部分荒田不分之理。"❶ 农民对分配土地的数量,存在一些不满意,觉得两个工田少了,"以为所得土地利益过少,苏维埃亦不根本明了,因此农民勇气比较未得土地及政权时候降低数倍。"❷ 黄学增作为广东省委的特派员,初到琼崖,对各方面情况还不是很了解,而且总体而言他在报告中对琼崖特委的工作基本持否定态度,因此他在论述某些问题上有夸大之嫌,但是关于土地分配只分配两个工田,农民不满意这个问题,还是比较实事求是的。乐会四区土改的另一个问题就是一些地方的土地分配不够及时,有些地方土地分配了,苏维埃政权还没有建立。动员农民不够,使农民保卫苏维埃的积极性不高。黄学增在省委的报告中继续指出:"万宁除了县城以外,所有乡村几至完全为农民割据,可是苏维埃并不普遍成立,土地亦迟迟才没收分配。有些地方如万宁一区,许多乡村土地已经没收分配了,但苏维埃到今还未组织。"❸ 土地分配与苏维埃政权的建立是相互联系、相互支持的,二者之间的脱节表明琼崖特委对土地革命的阶级斗争的认识还不够深入。

正如中共琼崖特委代表在中央工作会议上报告的那样,琼崖的土地分配考虑到了利益分配的方方面面,用系统论的方法达到了各方的均衡,"没收的有万宁、乐会、陵水三县;已经分配的则仅有乐

---

❶ 中共广东省委、团广东省委致琼崖特委信 [G] //中共广东省海南行政区委员会党史办公室,海南行政区档案馆. 琼崖土地革命战争史料选编. 海口:[出版者不详],1987:119.

❷ 黄学增给省委的报告 [G] //中共广东省海南行政区委员会党史办公室,海南行政区档案馆. 琼崖土地革命战争史料选编. 海口:[出版者不详],1987:363.

❸ 同❷,第362页.

会第四区及陵水。其分配办法系依人口多少、工作能力、土地肥瘦等为标准。"❶ 土地分配考虑到了人口多少、工作能力、土地肥瘦三个方面，在这个基础上进行分配，原因就是土地是一种特殊资产，它并不像货币一样通过简单的数字平均分配就能达到公平。土地肥瘦主要考虑土地之间产出有很大的差异，因此土地数量的简单分配并不能达到真正公平，而是要把土地数量与土地质量一起综合考虑。土地分配考虑人口多少与工作能力是因为土地最终还是要靠人去耕种，人与人之间的劳动力有很大的差别，因此不能简单地按人口分配，而是要考虑有效劳动力，这样才能保证土地得到最大限度的利用，获得较多的产出。在土地分配中，琼崖特委在平均分配的基础上注意到分配人口的工作能力，做到差异化分配，如对人口与劳动力混合标准的执行，特委摸索出附加田亩办法，即"譬如一家五人，三人是有劳动力者，两人是没有劳动力者，只三人得有正式平均土地权，其余二人，便是附加田亩"。原则上附加田亩"不能超过劳动者平均土地亩数三分之一"❷。

　　土地改革的目的是实现耕者有其田，保证社会的公平正义。琼崖特委根据上级的指示精神，结合本地区的实际，在一些做法上有创新，有地方特色。比如没收地主的土地和公田这个问题上，如前所述，没收一切土地是"左"倾的做法，只没收地主的土地才能更好地动员农民。以此类推，公田这个问题也比较复杂，公田有家族

---

❶ 中共琼崖特委代表在中央会议上的报告［G］//中共广东省海南行政区委员会党史办公室，海南行政区档案馆. 琼崖土地革命战争史料选编. 海口：［出版者不详］，1987：337.

❷ 中共两广省委给中央的报告［G］//中共广东省海南行政区委员会党史办公室，海南行政区档案馆. 琼崖土地革命战争史料选编. 海口：［出版者不详］，1987：256.

的族田，有地主豪绅把持的祠堂用地。土地改革的目的在于消灭剥削，公田也是复杂的问题，并不能一刀切，因为并非所有的公田都是由地主豪绅把持用来剥削农民，有一些公田在家族内部轮流耕种，所得用来祭祖，或者出租用来祭祖的，这种公田就没有剥削情况。琼崖特委对这个问题采取了务实的态度，只没收土豪劣绅把持用来剥削农民的部分公田，而如果"几家兄弟的主祭公田，自己轮流耕种或者出租来供养祖祭的"，就不没收，而是"由这些几家兄弟按家平分"❶。

琼崖土地革命第一次高潮中的土地改革，以乐会四区为代表，按照上级的指示，结合琼崖的革命斗争实际，进行了轰轰烈烈的土地分配，虽然也存在一些不足，但是瑕不掩瑜，第一次土地革命高潮的土地分配，总体上是成功的，得到了人民群众的支持，为接下来的第二次革命高潮的土地改革积累了经验。第一次土地革命高潮让国民党反动派非常震惊，广东当局派出蔡廷锴渡海镇压中国共产党领导的土地革命，由于中国共产党缺乏军事斗争的经验，加之敌强我弱，琼崖第一次土地革命高潮因蔡廷锴的镇压而走向低潮。但是，革命的星星之火不会因为暂时的挫折而停止发展，土地革命的影响在持续，低潮中酝酿着第二次土地革命高潮的到来。"虽然全琼目前都普遍了白色恐怖，然仍无法把琼崖的革命压抑与消沉下去，比如文昌、琼山民众时时盼望红军回来，万宁、乐会苏维埃仍在继续领导民众暴动。"❷ 随着蔡廷锴的国民党正规军调离琼崖，国共力

---

❶ 王明前. 琼崖革命根据地的苏维埃和土地革命［J］. 新东方, 2013（1）.
❷ 中共琼崖特委最近总的工作大纲［G］//中共广东省海南行政区委员会党史办公室, 海南行政区档案馆. 琼崖土地革命战争史料选编. 海口：［出版者不详］, 1987：354.

量发生了变化。琼崖特委领导的游击战争影响不断扩大，到1930年5月，苏区慢慢得到恢复，琼崖革命根据地掀起第二次革命高潮。革命的发展是一种过程，1931年4月，只有部分苏区进行了土地分配，"土地革命不深入，现在乐会、万宁分配土地尚未能如第一次之扩大，琼东只有二乡分配，澄迈只有一乡分配。"❶ 1932年5月，中共中央巡视员定川给中央的报告指出："土地分配了的只有乐会、万宁苏区（乐会、万宁的苏区是琼崖最大的苏区）、琼东苏区。琼山苏区只分了一部分，其他苏区分都没有分。"❷ 由于广东省委以及中央的特派员在土地分配上与琼崖特委在一些问题上有矛盾，因此双方对第二次土地革命高潮的土地改革的成绩的认识是不一致的。中央与广东省委认为琼崖土地分配工作还不如第一次土地革命高潮时期，这一观点反映在了广东省委和巡视员给中央的报告里。不过事实并非如此，琼崖第二次土地革命高潮的影响是超过了第一次的。"经过'红五月'攻势后，曾一度停顿的乐会、万宁、琼东、陵水等老根据地的土地革命又陆续恢复和开展起来了，而且在定安、琼东、崖县、乐会六区、琼山、澄迈等新根据地都进行了轰轰烈烈的土地分配工作。"❸

琼崖第二次土地革命高潮期间的土地改革工作，被纳入了全国的视野。1930年9月，全国苏维埃大会中央准备委员会修订了《土

---

❶ 琼崖苏维埃政府给中华苏维埃筹备委员会信［G］//中共广东省海南行政区委员会党史办公室，海南行政区档案馆.琼崖土地革命战争史料选编.海口：［出版者不详］，1987：416.

❷ 中共中央巡视员定川关于两广党的领导及各地工作情况的报告［G］//中共广东省海南行政区委员会党史办公室，海南行政区档案馆.琼崖土地革命战争史料选编.海口：［出版者不详］，1987：262.

❸ 中国共产党海南历史：第一卷［M］.北京：中央党史出版社，2007.

第3章 土地革命时期马克思主义在海南的实践

地暂行法》，但在实现执行中有自己的特色。由于广东省委与中央站在全国宏观的层面，而琼崖特委是微观层面，双方对于一些政策的理解是有偏差的，在执行的过程中发生了若干的争论。土地分配是一个敏感和系统的工程，上级与下级的争论有利于问题认识的更加深入，可以使土地分配更加公平。

1. 关于非苏区籍红军战士在土地分配中是否分配土地的问题

在这个问题上，琼崖特委原来的意见是非苏区籍的红军战士不分配土地，原因是土地毕竟有限，而且农民有很深的地域观念，分配土地给外籍人员，这对农民的乡土观念是一个不小的冲击。另外，土地分配的目的是实现"耕者有其田"，红军毕竟是脱产的战斗单位，就算分配了土地，红军战士也无力耕种，最终还是由苏区群众代耕。因此，琼崖特委决定不给红军分配土地。针对这个决定，历史研究者也给出了两种截然不同的评价。一种观点认为，琼崖特委的这一做法是对的，是实事求是的。"我们认为琼崖特委没有分配给非苏区籍红军以土地，不能算是什么错误，相反，应当是他们的一大特点和优点。"❶ 持这种观点的研究者认为，与其分配给不能耕种的红军战士，不如直接分给农民，由农民适当多交些军粮。后来琼崖特委在广东省委的压力下还是改变了初衷，决定给非苏区籍红军战士分地。"现在我们已打碎过去不分配非苏区籍的红军土地的庸俗

---

❶ 王礼琦，邢益森，武力. 琼崖革命根据地的经济斗争[M]. 海口：海南人民出版社，1989：44.

观点,而一律实行分配了。"❶ 针对这一政策转变,《中国共产党海南历史》给予高度评价:"琼崖特委为了鼓励非苏区籍红军英勇作战,给他们同样分配一份土地,这是十分正确的。"❷ 琼崖特委还制定了给非苏区籍红军战士分配土地的具体政策:"1. 从过去分配剩余的土地及一切荒田和从继续分配土地中来分配红军土地;2. 分配红军土地,是调查琼崖第二独立师非苏区红军(就是未得土地的红军)分配,这些分配是集体的(自然退伍红军是单独给他土地),由各地苏维埃组织红军土地管理委员会负责耕种和管理;3. 分配红军土地是以参加战斗为标准,伙夫、司书、事务等没有分配土地。"❸ 针对同一措施,评价截然不同,那么到底该不该给非苏区籍的红军战士分地呢?首先,给非苏区籍红军战士分配土地的目的是让更多的非苏区的群众和白军的战士有参军、参战的热情,"非苏区籍的红军一律得土地的宣传鼓动,使他们为着要得土地的热烈加进红军中来。"❹ 另外,原先土地分配政策不分配非苏区籍红军战士土地,引起了一些外地红军战士的不满。"红军不分配土地,以后只分配给本地人。引起外地的红军不满,有一连红军哗变。"❺ 但是根据琼崖特委制订的土地分配办法,分配是集体的,只有退伍了之后才

---

❶ 振亚. 非苏区籍红军战士一律分配土地问题[G]//中共广东省海南行政区委员会党史办公室,海南行政区档案馆. 琼崖土地革命战争史料选编. 海口:[出版者不详],1987:528.
❷ 中国共产党海南历史:第一卷[M]. 北京:中央党史出版社,2007.
❸ 同❷.
❹ 同❶.
❺ 中共中央巡视员定川汇报两广工作[G]//中共广东省海南行政区委员会党史办公室,海南行政区档案馆. 琼崖土地革命战争史料选编. 海口:[出版者不详],1987:261.

第3章 土地革命时期马克思主义在海南的实践

单独给他土地,因此作为一种集体分配,并不落实到个人,其激励效果恐怕是有限的。而且,分配规定以参战为标准,非参战的伙夫、司书、事务不分地,这种规定对这些人的积极性产生了负面影响,有失公平。

2. 对小土地出租者的态度

琼崖社会有大量的自耕农,有些人仅有数亩土地,家里劳动力不足,种地无以谋生,就进城务工或者远赴南洋谋生。针对中农与贫农的土地出租,是否没收是个难题。按照苏维埃中央制定的《土地暂行法》的精神,凡是占有土地自己不耕种而用来收取地租的,都是地主,其土地一律没收。如果按照中央精神,势必会影响到中农和贫农的利益。琼崖特委没有对中小土地出租者采取简单没收的办法。"现时万宁七区分配土地,但万宁七区内的土地大部分是万宁一区中农、贫农的,租给万宁七区贫农耕种,自然这些土地是不能把来平均分配给万宁七贫农的。"❶ 琼崖特委的办法是针对贫农与中农之间的土地租赁行为,不采取没收的办法,而是采取减租减息的折中措施。"特委以为万宁一区中贫农在万宁七区范围内的土地,应该减租到很低的租钱,给万宁七区贫农耕种,对否?"❷ 针对琼崖特委不没收中农、贫农出租土地的做法,中共中央巡视员定川表示了不同意见,他认为琼崖特委的做法是"右"倾的,"琼崖的党是陷

---

❶ 中共两广省委给中央的报告[G]//中共广东省海南行政区委员会党史办公室,海南行政区档案馆. 琼崖土地革命战争史料选编. 海口:[出版者不详],1987:257.
❷ 同❶。

在'右'倾泥坑中"❶，他甚至认为这些土地根本是地主、富农的，"我们根本不能相信贫中农有这样多的土地出租，推想起来一定是地主、富农的。"❷ 针对中小土地出租者的争论，关键是要看土地分配的目的，土地改革的初衷，应该是消灭剥削，实现社会的公平正义。从这个角度看，琼崖特委的办法是比较务实的，做到了把贫中农与地主区别对待，同时也对贫中农的土地出租行为进行了规范，减租减息，消灭了贫中农之间的剥削行为。贫农、中农是革命的支持力量，在土地改革中要十分照顾他们的利益，他们的土地本来很少，如果与地主、富农一样予以没收，是不恰当的。

3.2.3 琼崖土地革命的评价

第一次土地革命高潮与第二次土地革命高潮期间，在土地分配的过程中，琼崖特委与广东省委在一些问题上发生了若干争论，双方存在一定的分歧是正常的。土地革命毕竟是前无古人的事业，无论是作为上级的广东省委和作为下级的琼崖特委，都处于探索的过程中，对一些事物的认识还处于初步阶段。比如对没收土地的认识，刚开始，广东省委认为要没收一切土地，"要彻底铲除封建基础，杀

---

❶ 中共中央巡视员定川汇报两广工作［G］//中共广东省海南行政区委员会党史办公室，海南行政区档案馆.琼崖土地革命战争史料选编.海口：［出版者不详］，1987：260.

❷ 中共中央巡视员定川关于两广党的领导及各地工作的报告［G］//中共广东省海南行政区委员会党史办公室，海南行政区档案馆.琼崖土地革命战争史料选编.海口：［出版者不详］，1987：263.

戮土劣地主，没收一切土地，不交租，不还债，政权归农会。"❶ 广东省委在李立三"左"倾冒险主义把持中央的时候甚至提出："要大力屠杀地主，无论是否土劣。"琼崖特委在执行中没有机械地按照上级的指示进行，首先在肉体消灭地主这个问题上没有大规模地消灭地主，而是只处决民愤极大的土豪劣绅。而且对地主家庭给予保证其基本生活的土地。琼崖特委在没收土地上也没有执行上级关于没收一切土地的做法，而只是没收地主阶级的土地，因为没收中小土地所有者的土地，势必影响中农和贫农的革命积极性。对中小土地出租者，琼崖特委也是采取减租的办法，而不是简单没收。总的来看，广东省委的做法是比较激进的，而琼崖特委的做法是比较务实的，为什么有这种差距？主要是双方所处的层级不一样，广东省委作为上级，承接中共中央的指示，对各地革命提出指示意见，因为对各地的实际情况并不是很了解，它提出的都是宏观一般性的原则。而琼崖特委作为实际工作主持者，它面临更复杂的实际情况与当地的人文地理条件和文化传统。歌德说，理论是灰色的，而生命之树常青。土地改革作为利益分配的重大变革，涉及各个阶级的切身利益。如何保证做到实现社会公平正义，促进生产力的发展而不是破坏生产力，是一个非常复杂的问题。任何僵化的教条都不能应对日益复杂的现实生活。比如琼崖特委曾经遇到一个特殊问题，就是一个贫农随着时间的推移，一个家庭的人均占有土地面积发生变化，这种情况该如何认定？"有些过去本是贫农的，如一家有十二人

---

❶ 中共广东省委致琼崖特委函［G］//中共广东省海南行政区委员会党史办公室，海南行政区档案馆. 琼崖土地革命战争史料选编. 海口：［出版者不详］，1987：4.

有三十亩田，但在最近斗争中牺牲十人存两人，在土地原则上看，已经变成富农，这些土地是不是要把来平均分配给贫农呢？"❶琼崖特委对这个问题也是颇为疑惑，特地向省委打报告请示，最后没有没收这些人的土地。

  土地革命是一个复杂的利益博弈过程，富农、中农、贫农、雇农各自有不同的需求。在消灭了地主阶级之后，富农就是一个需要反对的阶级。富农往往利用自己优势的经济地位和较高的文化水平加入农会等组织，掌握农会的领导权，从而转移斗争方向，为自己的阶级谋求利益。因此，早在土地改革的初期，广东省委提醒琼崖特委要注意富农问题。"农会应当是一切农民的群众组织，包括自耕农兼地主或雇主债主的富农在内。但农会的委员会，应当使贫农占多数，方能保持农村革命势力之'左'倾。富农对于反豪绅、反苛捐杂税仍是有作用的，所以可以加入农会。但须注意对于富农的反动方面，他对于抗租抗债、雇农改良生活等运动是会反对的。"❷ 富农类似于小资产阶级，有一定的革命性，但是又有一定的妥协性。因此富农是革命的同盟者，而不是革命的主力，要注意防止富农把持农会的领导权。1929年，广东省委继续提醒要注意富农从革命内部破坏革命的问题："要特别注意富农分子表示摇动及阻碍斗争的事实，或公开或秘密向群众煽动，以在农村中注意打击他们，并领导

---

  ❶ 中共两广省委给中央的报告［G］//中共广东省海南行政区委员会党史办公室，海南行政区档案馆. 琼崖土地革命战争史料选编. 海口：［出版者不详］，1987：257.
  ❷ 中共广东省委、团广东省委致琼崖特委信［G］//中共广东省海南行政区委员会党史办公室，海南行政区档案馆. 琼崖土地革命战争史料选编. 海口：［出版者不详］，1987：119.

第3章 土地革命时期马克思主义在海南的实践

群众起来，驱逐他们在群众之外。"❶ 在富农问题上，广东省委甚至谴责琼崖特委"右"倾，是富农路线。"特委必须坚决地改变过去忽视群众斗争的'右'倾错误，肃清富农路线，更加十倍地注意富农工作，猛烈地扩大雇农的组织，坚决领导雇农、贫农的土地斗争。"❷ 毛泽东同志主持中央苏区的土地改革工作时，曾被"左"倾机会主义者指责执行了"富农路线"。其实比较毛泽东在中央苏区的做法，与琼崖特委在土地分配中的办法，有异曲同工之处。就是减少革命的对立面，给地主生活出路，对富农没收其多余的土地，同时根据土地质量进行抽肥补瘦，防止富农把持肥田。打击地主、限制富农，同时又给予其生活出路，防止其生活不下去鱼死网破对抗革命，应该来说是比较务实的做法。革命要达到各阶级利益的平衡，让大多数人得利。毛泽东同志曾说："提出解决富农的办法，不仅要抽多补少，而且要抽肥补瘦，这样才能使富农、中农、贫农、雇农都过得下去。假如地主一点土地也不分，叫他们去喝西北风，对富农只给一些坏田，使他们半饥半饱，逼得富农造反，贫农、雇农一定陷入孤立。当时有人骂我是富农路线，我看当时只有我这办法是正确的。"❸ 为什么琼崖特委和毛泽东务实有效的土地改革方针被谴责为"富农路线"呢？主要是1929年到1930年，李立三"左"倾冒险主义在中共中央占据主要地位，这种"左"倾思想的特点就是激进，在土地改革问题上实际执行的是一条"把小资产阶级变为无

---

❶ 中共广东省委致琼崖特委信［G］//中共广东省海南行政区委员会党史办公室，海南行政区档案馆.琼崖土地革命战争史料选编.海口：［出版者不详］，1987：160.

❷ 广东省行委给琼崖特委信［G］//中共广东省海南行政区委员会党史办公室，海南行政区档案馆.琼崖土地革命战争史料选编.海口：［出版者不详］，1987：177.

❸ 毛泽东文集：第二卷［M］.北京：人民出版社，1993：379.

产者，然后迫使他们革命"的路线，当时的"左"倾机会主义者主张"地主不分田、富农分坏田"。中共中央给琼崖特委的指示信明确表示，富农分坏田，"富农仅在不参加反革命，自己愿意耕种，和服从苏维埃一切法令的条件下，才能给以坏的劳动耕地，"❶ 甚至鼓吹"杀尽一切反动派的头颅，烧尽一切反动派的房屋"，一些地方甚至出现烧贫下中农房屋强迫其革命的极端行径。这种"左"倾机会主义没有认识到革命的复杂性，以为革命短期内就能取得胜利，认为革命是一个高潮接着一个高潮的凯歌式行进，没有认识到革命是一个艰辛的探索历程。这种"左"倾机会主义错误思想对革命是一个极大的危害，非但不能使革命马上取得胜利，反而因为"左"倾机会主义造成了一系列的挫折。"左"倾机会主义是一种典型的主观主义，没有从客观实际出发，而是头脑发热，不顾现实状况提出一些不切实际的目标。在斗争方向上无视城市是敌人力量汇集的地方，盲目坚持"城市中心论"，认为通过夺取城市就能短期取得全国政权。"只要你们坚决执行正确的策略路线，夺取全国政权是摆在目前。"❷ "你们及全体同志应了解这点，然后在琼崖的路线上才不致动摇夺取广州的决心。"❸ 夺取广州这样的大城市，在当时是不切实际的，但是"左"倾机会主义主导的中共中央却认为可以实现。

"左"倾机会主义错误体现在土地分配问题就是激进的土地改革

---

❶ 中共中央致广东省委指示琼崖苏区党部信[G]//中共广东省海南行政区委员会党史办公室，海南行政区档案馆.琼崖土地革命战争史料选编.海口：[出版者不详]，1987：246.

❷ 广东省行委给琼崖特委指示信[G]//中共广东省海南行政区委员会党史办公室，海南行政区档案馆.琼崖土地革命战争史料选编.海口：[出版者不详]，1987：181.

❸ 同❷。

方案,屠杀地主,没收一切土地,打击富农。在这种"左"倾思想的指导下,毛泽东同志和琼崖特委采取的更为温和务实理性的土地改革方案就被无端地指责为"富农路线"。富农问题是一个复杂问题,富农不是地主,富农有自食其力的方面,也存在收地租和发放高利贷的剥削行为,因此对富农正确的方针不是像对地主一样采取简单打击的方针,而是限制,就是既团结又打击,像城市里对待民族资产阶级一样。

"左"倾机会主义错误另一个方面的表现就是内部肃反问题犯了扩大化的错误。肃反极大地干扰了轰轰烈烈的土地分配运动,事实上,在开展内部肃反运动时,土地分配运动基本陷入停顿。琼崖肃反问题,并非空穴来风,而是琼崖党组织内部确实出现了叛变投敌分子。"白驹发现省委特派员陈琼、团省委特派员张思武来海南活动,与琼崖团特委书记冯勋等人勾结,进行叛变活动。"❶ 冯勋是一名隐藏在琼崖党组织内部的变节分子,他曾经残忍杀害了陵水县第一任县委书记黄振士。清除这样的叛徒败类是很有必要的,但是在中央和广东省委"左"倾路线的影响下,琼崖特委在肃反问题上犯了扩大化的错误,"对什么是 AB 团、社会民主党、托陈取消派组织等都搞不清楚,又采取逼供信简单粗暴的方法,乱抓乱杀,结果伤害了许多好同志或只有一般缺点错误的好人。"❷

琼崖土地改革的经验教训

琼崖特委在领导土地分配过程中,很好地结合了上级的指示和

---

❶ 冯白驹将军传 [J]. 琼岛星火, 1981 (3): 30.
❷ 同❶。

本地的实际,没有一味地执行中央的指示,而是在实际斗争中坚持了实事求是的原则,较好地完成了土地分配问题,在若干方面领全国风气之先。但是由于地处中国南海,信息不通,加之琼崖党组织自身的政治素质问题,琼崖特委领导的土地革命,在取得胜利的同时,也留下了一些教训。

首先是一些基层的党组织对土地革命的认识不足,甚至出现基层党组织和苏维埃政权反对土地分配的情况。"目前一个异常严重的情况是,在琼崖前两个月执行重新分配土地的时候,在澄迈第五区发生了全区的党团及苏区公开的反对。"❶ 不分配土地,主要是怕敌人进攻。"党内有一种机会主义,说不分配土地,敌人不会积极进攻。"❷ 这种不铲除封建土地所有制的做法,说明一些琼崖基层党组织没有认识到土地革命的意义。也反映了基层政权和党组织存在着富农把持的情况:"政权机关中工人雇农极少,多半是学生把持。雇农工会极少。"❸

其次是土地革命宣传不够深入,未能充分发动群众起来参与分配土地,而是由苏维埃政府包办。由于琼崖苏区始终在战争环境之中,面临着敌人的进攻和骚扰。土地分配是在战争的环境下进行的,为了追求效率,土地分配由苏维埃政府主导,未能充分地动员群众,这是琼崖土地革命出现的不足。由于宣传不够,群众对于土地革命

---

❶ 共青团广东省委给共青团琼崖特委指示信 [G] //中共广东省海南行政区委员会党史办公室,海南行政区档案馆.琼崖土地革命战争史料选编.海口:[出版者不详],1987:209.

❷ 中共中央巡视员定川汇报两广工作 [G] //中共广东省海南行政区委员会党史办公室,海南行政区档案馆.琼崖土地革命战争史料选编.海口:[出版者不详],1987:260.

❸ 同❷,第261页。

还未十分急迫地理解和认可。1932年1月,中共中央通过广东省委直接给琼崖特委发指示,虽然该指示总的精神是"左"倾的,但是客观上也指出了琼崖苏区土地革命中存在的问题。"因此我们对于土地革命的宣传还不深入,分配土地都是苏维埃政府的命令,这是土地分配中的严重缺点。"❶ 在收到中央明确指示的情况下,经过几个月的整改,效果似乎不太明显,苏维埃政府大包大揽,群众未能充分发动的情况仍未改变。中共中央巡视员定川在1932年5月的两份报告中都指出琼崖苏区土地分配存在的问题:"分配土地是由苏维埃命令来执行。"❷ "但土地的分配多是命令方式的。"❸ 没有充分发动群众,有苏维埃政府包办土地分配的情况,如果苏维埃政府由富农和中农把持,土地革命的影响就不深入,广大群众特别是贫农和雇农所得利益有限,他们的革命积极性就会受到影响。"你们必须了解,只有真正经过群众起来分配土地,才能使苏区巩固,才能将富农所偷取去的土地革命的果实,夺回到雇农、贫农的手上。"❹ 土地革命不仅仅是利益格局的大调整,让劳动人民获得支配自己劳动成果的权利,实现耕者有其田,实现社会的公平正义,土地革命还是

---

❶ 中共中央致广东省委指示琼崖苏区党部信[G]//中共广东省海南行政区委员会党史办公室,海南行政区档案馆.琼崖土地革命战争史料选编.海口:[出版者不详],1987:242.

❷ 中共中央巡视员定川汇报两广工作[G]//中共广东省海南行政区委员会党史办公室,海南行政区档案馆.琼崖土地革命战争史料选编.海口:[出版者不详],1987:261.

❸ 中共中央巡视员定川关于两广党的领导及各地工作情况的报告[G]//中共广东省海南行政区委员会党史办公室,海南行政区档案馆.琼崖土地革命战争史料选编.海口:[出版者不详],1987:263.

❹ 中共中央致广东省委指示琼崖苏区党部信[G]//中共广东省海南行政区委员会党史办公室,海南行政区档案馆.琼崖土地革命战争史料选编.海口:[出版者不详],1987:246.

一次思想解放运动。"有的地方宣传发动工作做得不够，只用简单的行政办法来分配土地，封建主义思想根基没有铲除。"❶

漫长的封建社会时期，统治阶级凭借自身的经济文化优势，对劳苦大众进行精神奴役。马克思主义基本原理揭示了经济基础与上层建筑的关系，统治者将自己的经济优势转化成上层建筑的优势。马克思主义要实现人的真正自由与解放，就不仅仅是经济上获得实实在在的利益，更要在精神上解除剥削阶级对劳苦大众的精神奴役。因此，土地革命不仅是一个利益的重新分配，也是一次深刻的思想解放运动。广大人民群众在土地革命中通过阶级斗争深刻地认识到自身在历史上的主体地位，清除剥削阶级通过封建宗法思想强加在人民头脑中的精神镣铐。因此，如果苏维埃政府命令式包办土地分配，忽视其土地革命中阶级斗争对人民的教育意义，无疑使人民在土地革命中仅仅获得经济利益，无法在思想上真正获得解放。

再次是土地革命中反富农运动开展不充分，贫农和雇农未能在苏维埃政权中发挥作用。土地革命建立的苏维埃政权，是保证人民利益的政权机关。在这个新生的人民政权中，要充分发挥贫雇农的作用，才能使苏维埃政权真正得到巩固。琼崖地处偏僻，贫雇农文化水平有限，琼崖特委也未能及时地动员，贫雇农在苏维埃政权中发挥作用不够。琼崖苏维埃政府在给中华苏维埃筹委会的信中坦承："苏维埃不建筑在雇农、贫农身上。"❷ 地主是土地革命的打击对象，

---

❶ 中国共产党海南历史：第一卷［M］．北京：中央党史出版社，2007．
❷ 琼崖苏维埃政府给中华苏维埃筹备委员会信［G］//中共广东省海南行政区委员会党史办公室，海南行政区档案馆．琼崖土地革命战争史料选编．海口：［出版者不详］，1987：416．

富农是土地革命打击和限制的对象，中农是土地革命的同盟者，土地革命至少不侵犯中农的利益。贫农和雇农是土地革命的依靠力量，广泛地建立贫农团，是保证土地革命不断深入，防止富农破坏革命的重要手段。中共中央给琼崖特委的指示信也指出要充分发挥贫农团的作用："贫农团的建立，是保证土地革命的深入，苏维埃的巩固，肃清一切反革命活动的企图的一个力量。"❶ 扩大依靠力量，建立贫农团并发挥作用，在实际工作中不容易做到，一个重要的原因就是贫农的文化素质通常很难胜任贫农团的工作。这一点作为上级的共青团广东省委也认识到了："但贫农大多数是没有受过教育的，所以他们的认识特别薄弱，不能建立起经常工作。"❷ 在中国的传统农村，经济地位与文化程度是相互联系的，一些士绅作为乡村政治空间的主体，除了拥有田产等经济优势之外，一般还拥有象征文化优势的科举功名。经济优势与文化优势使得传统士绅拥有了威望，成了乡村政治空间的主体。而革命的主要依靠力量贫农和雇农在经济和文化上都处于劣势，很难在代表人民利益的苏维埃政权中发挥作用，苏维埃政权有被富农和中农把持的危险。土地革命虽然打击了地主富农，使得其经济利益受损，但是要改变其长久形成的综合优势，还需要一个时间过程，人民翻身得到解放绝不是一蹴而就的。作为革命的另一个依靠力量，雇农的情况也不乐观，在革命的过程

---

❶ 中共中央致广东省委指示琼崖苏区党部信 [G] //中共广东省海南行政区委员会党史办公室，海南行政区档案馆. 琼崖土地革命战争史料选编. 海口：[出版者不详]，1987：247.

❷ 共青团广东省委关于琼崖工作情形给中央的报告 [G] //中共广东省海南行政区委员会党史办公室，海南行政区档案馆. 琼崖土地革命战争史料选编. 海口：[出版者不详]，1987：223.

中成立了雇农工会，但是雇农的素质和能力却不容乐观。"统计全琼现在有组织的雇农青年约二百人，其中以牧童占大多数。但雇农工会都是挂名的机关，不能深入下层去组织广大的雇农群众。"❶ 虽然上级提出了要提拔贫雇农加入苏维埃政权，但是事实上很难操作。"琼崖要提拔工人贫雇农干部参加各领导机关。特委要改造，做到六分之一至二分之一的工人贫雇农干部参加特委。"❷ 群众路线是中国共产党的根本路线，从群众中来，到群众中去，把党的正确主张变成群众自觉的行动，深入发展群众参加土地革命，不断提高人民群众的革命觉悟，是土地革命和苏维埃政权不断巩固的关键。"除了红军和游击队的进攻外，便没有群众的行动，更没有群众的斗争了，红军的游击战争并没有发动群众深入土地革命，简直只有单纯的红军行动，党望着群众不断地自发斗争而很少领导。"❸ 发动群众是一个联系群众和教育群众的过程，不但能夯实党的群众基础，也能使群众在阶级斗争中不断地觉醒和成熟起来。琼崖特委领导的土地革命，虽然没有像广东省委指出的那样，执行了一条"富农路线"，但是在土地分配和苏维埃政权中反对富农，充分发动贫雇农参与土地分配、参与苏维埃政权上，还存在一定的不足。广东省委曾经指示琼崖特委："坚决地走进群众中间，勇敢地打出我党的政治主张，发动领导群众各部分斗争。只有这样，才能够提起群众的阶级意识，

---

❶ 共青团广东省委关于琼崖工作情形给中央的报告［G］//中共广东省海南行政区委员会党史办公室，海南行政区档案馆. 琼崖土地革命战争史料选编. 海口：［出版者不详］，1987：223.

❷ 中共两广省委通告（第八号）［G］//中共广东省海南行政区委员会党史办公室，海南行政区档案馆. 琼崖土地革命战争史料选编. 海口：［出版者不详］，1987：234.

❸ 中共广东省委五月工作报告［G］//中共广东省海南行政区委员会党史办公室，海南行政区档案馆. 琼崖土地革命战争史料选编. 海口：［出版者不详］，1987：175.

第3章 土地革命时期马克思主义在海南的实践

提高群众的斗争勇气，也只有如此才能争取全岛广大群众，推进革命高潮之更快到来。"❶ 广东省委的指示指出了土地革命的意义和价值，通过疾风暴雨式的土地革命，启发贫困农民的阶级意识，不但使广大人民群众在经济上获利，更是在思想上解除枷锁。千百年来，剥削阶级宣扬"劳心者治人，劳力者治于人"，他们宣扬穷人要"认命""生死有命，富贵在天"。这些剥削阶级强加在人民头脑中的意识形态要通过鲜活的革命实践去破除，广大群众也只有投身轰轰烈烈的土地革命才能在政治上真正成熟起来。动员贫雇农反对富农的斗争，对琼崖特委而言也是一次严峻的考验，如果没收富农的土地，甚至采取消灭富农的政策，那无疑是一种"左"倾错误，但是如果贫雇农发动不够，放任富农把持土地分配，那就是"右"倾错误。因此，在土地革命中要对富农采取团结与限制并存的方针，要限制富农，就要充分发挥贫雇农的作用，防止富农从革命内部破坏革命。

琼崖土地革命还有一些小的政策失误，比如乐会四区土地分配的时候，农民只获得使用权，土地所有权归农会；第二次土地革命高潮给非苏区籍的红军分配土地的时候，只分配参战的士兵，不参战的文书、庶务等不分配土地，这在一定程度上影响了这些人的革命积极性；另外土地革命在琼崖地区发展不平衡，只有较为巩固的苏区进行了土地分配，一些地方只分了浮财。但是总体而言瑕不掩瑜，琼崖地区的土地革命总体而言是成功的，它废除了封建土地所

---

❶ 中共广东省委给琼崖特委、琼崖各级党部的指示 [G] //中共广东省海南行政区委员会党史办公室，海南行政区档案馆. 琼崖土地革命战争史料选编. 海口：[出版者不详], 1987：151.

有制，广大农民从经济上获得了生产资料，政治上翻身成了新生政权的领导阶级，它极大激发了农民革命的积极性，使中国共产党在琼崖地区牢牢地扎下了根。在接下来艰苦卓绝的抗日战争中，中国共产党在面临日寇、国民党顽固派联合绞杀的残酷环境中，能够紧紧依靠人民群众的拥护坚持下来。在解放战争中面对上级"北撤山东、南撤越南"的指示，琼崖特委选择继续留在琼崖坚持斗争，这种选择，一方面体现了琼崖共产党人坚持实事求是、独立自主的勇气；另一方面，琼崖共产党人相信自己，更相信群众，这份自信的背后就是通过土地革命，琼崖共产党人的主张已经深入民心，获得了人民群众的支持。二十三年红旗不倒的背后最根本的力量是人民群众的支持，而获得人民群众支持的关键就是琼崖土地革命维护了最广大贫苦农民的利益，赢得了民心。

3.3 局部执政的实践——琼崖革命根据地建设

琼崖特委领导的革命中，武装斗争、根据地建设和土地革命是三位一体、相互联系的。武装斗争是根据地建设的前提，只有拥有武装才能破除原有的政治结构，进行政权建设，同时革命武装也是新生政权的保卫力量。建立了革命根据地，能为武装斗争提供强大的后方支持，改变过去农民起义军流动作战最后被各个击破的历史命运。根据地建设中的政权建设，是土地革命开展的前提。新生的苏维埃政权宣布废除封建土地所有制，把土地分配给农民，土地革命的深入开展，又使新生的苏维埃政权得到人民群众的拥护，根据

第3章 土地革命时期马克思主义在海南的实践

地更加巩固。中国共产党人领导的革命,与以往的农民起义的区别在于其不是简单地进行武装斗争,而是很早就有夺取政权的意识,革命的目的是为了全体劳动人民。一般的农民起义只有到了一定的规模才有政权建设的意识,而他们建立的政权也不过是封建王朝的延续。而中国共产党领导的革命是以马克思主义为指导的,与历史上的农民起义有本质的区别,暴力革命夺取政权,实现无产阶级专政,快速实现工业化,建设社会主义,最后为共产主义而奋斗。以马克思主义为指导的社会主义革命,一开始就有取代资本主义、建设社会主义的历史使命。暴力革命之后夺取政权并不是简单地改朝换代,而是为了一个更远大的目标而奋斗。由于有了先进的革命理论做指导,中国共产党人有明确的夺取政权的意识,在武装斗争开始的阶段,这种政权意识就十分明显。"建立农会的乡村政权及由县市的平民职业代表大会而产生之民选革命政府。"❶

夺取政权是革命的目标,俄国的十月革命通过城市暴动迅速获得政权,中国共产党成立之后加入了共产国际,在共产国际的领导下进行革命。在这种情况下,十月革命的"城市中心论"不可避免地会影响年轻的中国共产党人。在武装暴动的初期,农村革命根据地建设的问题还没有被意识到。在夺取城市失败之后,中国共产党人以毛泽东为代表开始了工农武装割据、建立农村革命根据地、以农村包围城市的新的革命道路的探索。在琼崖,以王文明为首的琼崖共产党人在革命实践中也领悟到了建立农村革命根据地的重要性。

---

❶ 中共广东省委关于琼崖暴动工作给琼崖特委的指示信 [G] //中共广东省海南行政区委员会党史办公室,海南行政区档案馆.琼崖土地革命战争史料选编.海口:[出版者不详],1987:1.

一个重要的启示就是，在1927年4月琼崖国民党反动派对共产党人的大屠杀中，大批琼崖共产党人在得到消息后第一时间转移到了农村才得以幸免于难，保留了革命的星星之火。在武装斗争的初期，可利用的就是由农民运动讲习所骨干分子所领导的农军，这也是琼崖特委可以依靠武装反抗国民党反动派的力量。此外就是1929年，琼崖特委书记黄树增根据广东省委的指示，坚持"城市中心论"，坚持把琼崖特委迁入海口，而琼崖苏维埃主席王文明不同意这种做法，率领一部分人在母瑞山坚持斗争。两种战略选择在革命现实面前很快分出了高下。1929年7月，琼崖特委在海口遭到叛徒出卖，特委书记黄树增被捕牺牲，而王文明等人在母瑞山根据地则慢慢地集聚革命力量，各项工作开展得有声有色。在血的教训面前，琼崖共产党人在1929年8月召开的内洞山会议上彻底反思"城市中心论"，确立了当时斗争的重点是立足农村，发展农村革命根据地，积极发动群众，实现土地革命。内洞山会议实现了一个转折，就是党的工作重心开始转移到农村，建立根据地。在此之前，工作的重心都是夺取城市，而把农村当作短暂集聚革命力量的地方。内洞山会议之后，发展农村革命根据地成了党的中心工作，琼崖特委减少了进攻城市的机会主义冒险行动，根据地建设成了党的工作重心。

琼崖革命根据地作为整体在全国范围内被称为琼崖革命根据地，在琼崖革命历史上按时间顺序陆续形成了多个不同地域的革命根据地。通常琼崖特委驻扎地作为全岛的革命中心，具有举足轻重的地位，它的一些决策作为重要经验在其他根据地推广，这样的中心革命根据地对琼崖革命起着引领和示范作用，像大革命失败之后的乐会四区革命根据地以及两度保存革命火种的母瑞山革命根据地。原

第3章　土地革命时期马克思主义在海南的实践

则上所有建立了苏维埃政权的地区都属于革命根据地，随着革命烈火的扩展，不同历史时期苏区的面积有一定差异，第二次琼崖土地革命高潮时期苏区的面积就比第一次高潮时大。同样是苏区，也有中心和边缘的差距，一般而言，决策都是琼崖特委所在中心根据地做出的。因此，研究根据地建设，一方面要重点研究这些中心根据地，另一方面要注意中心以外全岛根据地的规模。既重视中心的示范引领作用也重视边缘的广度和范围，这样才能呈现琼崖革命根据地建设的全貌。

1927年11月上旬，琼崖特委在乐会四区的白水磜村召开特委扩大会议，会议确立了武装斗争、开展土地革命、建立苏维埃政权和建立革命根据地的决定。这次会议为琼崖革命根据地的建设指明了方向。1927年11月25日，陵水县1000多名农军第二次攻占县城，12月上旬，陵水县召开第一次工农兵大会，宣布成立陵水苏维埃政府，这是继海陆丰苏维埃政府之后，中国共产党在华南地区建立起来的又一个县级苏维埃政权。陵水苏维埃政府是华南第二个、琼崖第一个县级苏维埃政权，它极大地鼓舞了人民革命的热情，是琼崖共产党员第一次局部执政的有益尝试。1928年1月，徐成章率部攻占三亚，琼崖第一次土地革命高潮出现，琼崖苏区规模达到了最大。"乐会、万宁、陵水、崖县四县的红色区域基本连成一片，以乐会四区为中心，包括乐万地区的六连岭等地区的琼崖革命根据地基本形成。"❶

琼崖革命根据地的迅猛发展引发了国民党反动派的惊恐和仇视，

---

❶ 唐昆宁. 琼崖革命根据地综述［J］. 琼岛星火，1996（21）.

派出蔡廷锴渡海镇压革命烈火。由于敌强我弱,加上琼崖特委缺乏领导武装斗争的经验,第一次反"围剿"失败,琼崖特委领导部分军民从乐会四区向母瑞山转移,开辟了母瑞山革命根据地。琼崖特委领导军民在母瑞山革命根据地休养生息,等待时机。蔡廷锴部调离琼崖之后,琼崖革命慢慢迎来复苏,出现了第二次高潮。第二次土地革命高潮期间,苏区的面积比第一次革命高潮有所扩大,有县苏维埃6个——澄迈、定安、琼东、乐会、万宁、陵水;县苏维埃准备委员会3个——琼山、文昌、临高;全琼的区苏维埃或区苏维埃准备委员会共58个,乡苏维埃、乡苏维埃准备委员会共380个,琼崖东路的乐(会)万(宁)方圆100余公里苏区几乎连成一片。❶苏区的质量首推乐(会)万(宁)、琼东、澄迈,其次为定安、琼山。❷第二次土地革命高潮以乐会、万宁苏区的六连岭地区为核心,辐射全岛。第二次土地革命高潮引发敌人第二次残酷的围剿,琼崖红军遭受重创,琼崖苏区大部分被破坏,琼崖特委书记冯白驹等人在母瑞山坚持了8个月的严酷斗争,保持了革命火种,革命红旗仍旧不倒。冯白驹同志率领25人从母瑞山突围之后回到琼文革命根据地,联络失散同志,慢慢集聚革命力量,到1937年,革命力量重新发展到一定规模,"党在全琼先后恢复和建立起琼文、文昌、琼东、琼定、琼澄、善集、乐万7个县委,海口市和陵水、临高县3个工委,以及西南临委,党员600余人,红军260余人。"❸抗日战争时

---

❶ 唐昆宁. 琼崖革命根据地综述[J]. 琼岛星火,1996(21).
❷ 琼崖苏维埃政府给中华苏维埃筹备委员会信[G]//中共广东省海南行政区委员会党史办公室,海南行政区档案馆. 琼崖土地革命战争史料选编. 海口:[出版者不详],1987:418.
❸ 唐昆宁. 琼崖革命根据地综述[J]. 琼岛星火,1996(21).

期,琼崖根据地成为抗击日寇的重要根据地,琼崖特委领导的游击队隶属于华南抗日游击队,为抗日战争作出了卓越的贡献。解放战争时期,五指山根据地的开辟为琼崖纵队配合大军解放海南发挥了重要作用。纵观琼崖二十三年的革命历史,之所以能够坚持红旗不倒,一个重要的方面就是建设了革命根据地。土地革命时期的母瑞山革命根据地、解放战争时期的五指山革命根据地,都是保持革命火种、抗击敌人的中流砥柱。母瑞山革命根据地曾两度保存了革命的火种,被称为琼崖的"井冈山",琼崖革命的摇篮。五指山革命根据地的存在,更是在中华人民共和国成立前夕顶住了敌人压倒性优势的进攻而屹立不倒,最终配合大军成功解放海南。二十三年的琼崖革命历史,就是一部坚持根据地建设和斗争的历史。琼崖革命根据地的建设,在全国都影响很大,在新民主主义革命时期,在"左"倾错误的影响下,很多革命根据地都被敌人攻占破坏了,而琼崖革命根据地始终坚持红旗不倒。周恩来曾指出:"海南斗争,坚持二十三年红旗不倒,这是很大的成绩。""从大革命起……两面不倒的大旗,一是陕北,一是海南。对我们国家民族贡献很大。"[1] 1984 年 5 月,聂荣臻也盛赞:"孤岛奋战,艰苦卓绝,二十三年,红旗不倒。"因此,研究琼崖革命根据地建设,在全国范围内都是很有意义的。

3.3.1 琼崖革命根据地党的建设

中国共产党是新民主主义革命的领导核心,是实现中华民族解

---

[1] 赵康太. 琼崖革命论 [M]. 海口:南海出版公司,2005:265.

放和伟大复兴的先锋队。琼崖革命能坚持二十三年的斗争,一个重要的关键就是琼崖特委作为领导核心,一直在战斗,在母瑞山只剩下26个人的时候也没有屈服。琼崖革命能坚持长期斗争,关键在党。琼崖共产党人在中央和广东省委的指示下,结合本地实际,不断发展壮大力量,深深地扎根琼崖大地。党的建设、武装斗争、统一战线是中国共产党在新民主主义革命时期的"三大法宝",在琼崖革命斗争的历史上也是如此,琼崖共产党人始终牢牢地加强党的建设,始终坚持无产阶级政党的先进性和纯洁性,始终发挥共产党员的先锋模范作用,带领群众长期坚持、艰苦奋斗,终于迎来了最后的胜利。

1. 加强组织建设,不断优化党员的阶级结构

按照马克思主义经典著作的要求,中国共产党应该是以工人阶级为领导的革命先锋队。工人阶级代表先进的生产力,是天然的领导阶级。但是这一经典理论在中国革命过程中却困扰着中国共产党人,因为中国资本主义发展不充分,除了沿海发达城市如上海工人阶级力量比较强大之外,中国内陆和边陲还处于自给自足的自然经济,工人阶级力量较弱。这给中国共产党人带来严峻的挑战,只能从与工人阶级有天然联系的农民阶级中发展党员。中国共产党早期还面临一个问题就是领导阶层大都是知识分子,工人、农民在领导阶层占的比例不高。在这种情况下,如何加强无产阶级的政党建设、不断夯实党的阶级基础、发展工人和农民参与党的领导,就成了琼崖党的建设中需要解决的问题。

(1) 注重党员成分,加强城市工人和乡村贫农发展党员的工作

作为工人阶级的先锋队,中国共产党要注重夯实自己的阶级基

第 3 章 土地革命时期马克思主义在海南的实践

础，这样才能保证党的纯洁性和战斗力。琼崖共产党人很早就注意到了要注意发展乡村贫农和城市工人，1928 年的《中共琼崖特委最近总的工作大纲》指出："党员的成分，多数未能以城市的工人为中心，而又未注意到乡村大多数的贫农，因之党之基础不是建立在无产阶级上面，而是建筑于小资产阶级的自耕农和知识分子。"❶ 巩固党的阶级基础，注重发展乡村贫农和城市工人。在此基础上，还要在党的领导机关提高工农的比例，发挥他们的领导作用。理想与现实之间总是有很大的距离，尽管琼崖特委在形式上实现了在领导机关中加入工人农民，从而使之占有一定的比例，但是他们所起的实际作用却不明显。"各级指导机关，虽有过半数的工农参加，然多未起作用，事实上是知识分子把持，党的工农化只是形式主义，这是一个缺陷。"❷ 中国共产党是中国工人阶级的先锋队，是无产阶级的政党，政党的党性本质就是阶级性，注重党员的成分，就是注重阶级对人的影响，吸收具有坚定党性的新党员，才能保持党的坚强党性。"在马克思之后，人与人之间的关系就不可能再像以前一样。人与人之间有了经济力量的介入，或者更清楚地说，有阶级的介入，我们每一个人都作为某一种阶级成员存在。"❸ 因此，用阶级的方法区分敌我，注重政党党员的阶级性，是加强无产阶级党性的重要方面。琼崖共产党人在组织问题上提出了"党的工农化"的问题，就是加强政党无产阶级属性的做法。"为巩固我们党的阶级基础，必须

---

❶ 中共琼崖特委最近总的工作大纲 [G] //中共广东省海南行政区委员会党史办公室，海南行政区档案馆. 琼崖土地革命战争史料选编. 海口：[出版者不详]，1987：351.
❷ 同❶。
❸ 杨照. 午夜十字路口梦见弗洛伊德 [M]. 北京：中信出版社，2015.

在斗争当中极力向贫农及城市工人大开门。"❶ 阶级身份强调经济因素对一个人政治态度的决定性影响，这是马克思主义的基本原理。相同经济地位的人在一定利益诉求的驱动下总是不自觉地拥有同样的阶级意识。在中国共产党发展的历史上，在发展党员的问题上一直强调阶级性，有一段时期甚至突击提拔工人阶级进入领导层，工人出身的向忠发就是在这个背景下被选为党的总书记的。革命实践表明，一个人的政治态度，阶级性是一个决定性因素，但不是唯一的因素。在波澜壮阔的党的奋斗史上，工人阶级出身的成为叛徒的不少，如向忠发、顾顺章。说明片面地强调阶级性，强调党的工农化的政策不一定正确。中国的工人阶级与马克思看到的西方世界的工人有很大的差别。中国的工人阶级与农民有天然的联系，生长在半殖民地半封建社会的大环境中，自身不可避免地带有落后的成分。知识分子出身的党员，在理想信念的激励下，为革命舍生取义的不少，也有陈公博、周佛海、张国焘那样的叛徒，还有李汉俊、包惠僧等脱党分子。由此可见，阶级性在很大程度上决定了一个人的政治选择，但是人毕竟是理性与非理性交织的复杂合体，用任何单一的结论概括人的本质都是不准确的。现实斗争的个别案例并不能否定马克思主义关于阶级与阶级意识的正确性，无产阶级政党要讲党性，从工人和贫农中吸收党员，这个方向是正确的。"我们不但在成分上工农分子须过半数，并且对于工农的意见和培养，必须特别注

---

❶ 中共琼崖特委最近总的工作大纲[G]//中共广东省海南行政区委员会党史办公室,海南行政区档案馆.琼崖土地革命战争史料选编.海口:[出版者不详],1987:351.

第3章 土地革命时期马克思主义在海南的实践

意采纳的。"❶

(2) 把好党员的入口关,严明党的纪律

中国共产党是工人阶级的先锋队,是具有共产主义觉悟的先进分子。党员的发展要讲究质量,单纯追求数量的增长并不能增强党的战斗力。琼崖特委很早就注意到党员发展的质量问题,规定了严格的入党程序。"介绍同志须有二人之签名,经支部通过,交区委批准""取消拉夫式的征求党员法。"❷ 在把好入口关的同时,对不合格党员进行淘汰,保证了组织的纯洁性和战斗力。"为严密党的组织,目前须坚决地执行党的纪律,把党内的腐化分子,尽行淘汰。"❸ 纪律是无产阶级政党保持战斗力的重要方面,琼崖特委在组织纪律性上主张从严治党,规定党员必须依期缴纳党费。由于琼崖党组织成员中农民较多,因此党费的收缴比较困难,"琼崖的同志多数是在业农民分子,但能缴费者仅有十分之四。"❹ 在激烈的对敌斗争中,出现党员叛变或者逃跑的现象,为此,琼崖特委严明党的纪律,对一些违纪的党员给予严厉的处罚。"王育陶同志前负军事责任(排长),在战场弃械逃走,此次嘉积暴动同负指挥责任,竟然退缩,影响一般同志,决定枪毙,以儆效尤。"❺

琼崖特委还强调要积极发挥党员的主体作用,"对各种实际问

---

❶ 中共琼崖特委最近总的工作大纲 [G] //中共广东省海南行政区委员会党史办公室,海南行政区档案馆. 琼崖土地革命战争史料选编. 海口:[出版者不详],1987:351.
❷ 同❶,第352页。
❸ 同❶。
❹ 中共琼崖特委给省委的报告 [G] //中共广东省海南行政区委员会党史办公室,海南行政区档案馆. 琼崖土地革命战争史料选编. 海口:[出版者不详],1987:375.
❺ 同❹,第313页。

题，以及农工生活，须在经常会议当中多提出讨论。"❶

（3）健全组织生活，加强各级党组织的战斗力

建立巡视制度，为了加强琼崖特委对各县委的领导，琼崖特委与各县委都派出巡视员。"特委，县、市、区委，应时常派巡视员巡视和指导党部关于政治的党的一切和任务，当多用口头的解释和讨论，使各级党部，均能彻底明了及执行。"❷ 在实际工作中，由于干部的缺乏，实际上只有特委和县委做到了派出巡视员，市委和区委没有做到。"自特委至各县委均有建立巡视员，每月到各级党部指导工作，或帮忙各级党部解决各种困难问题。"❸ 巡视制度加强了上下级的联系，由于交通不便，上下级之间除报告外往来联系很少，有的市县甚至报告都很少，这样导致琼崖特委不了解基层的情况，"但是各县对于特委的报告很少，使特委没详细了解各县的详细情形，致对于各县工作指导上不免［有］缺陷之叹。"❹ 巡视制度很好地弥补了这个问题，各级巡视员深入基层，帮忙解决现实中遇到的问题，保证特委的意图做到上传下达。琼崖特委由符明经和黄振士负责巡视工作。由于干部缺乏，巡视工作经常面临挑战，"特委对于各县的巡视工作，有些县份都觉有不周到的缺陷，主要的原因是特委的工作人才缺乏，没有经常巡视员的建立。"❺ 符明经因为是常委，经常要参加常委会议，因此很难兼顾巡视工作。黄振士被派去三亚，因

---

❶ 中共琼崖特委给省委的报告［G］//中共广东省海南行政区委员会党史办公室，海南行政区档案馆. 琼崖土地革命战争史料选编. 海口：［出版者不详］，1987：352.
❷ 同❶，第375页。
❸ 同❶，第375页。
❹ 同❶，第400页。
❺ 同❶，第400页。

第3章 土地革命时期马克思主义在海南的实践

为交通不便,巡视周期很长。由于交通问题,一些偏远市县很难派人去。巡视工作在实际斗争中发挥了巨大的作用,一些基层组织在敌人的白色恐怖面前因为领导人的被捕处于工作停顿状态,这些被破坏地区恢复党组织的活力主要靠巡视工作。"自特委产生后,每县派巡视员去整顿收拾,同时对于各县指导的加紧,才把琼崖党挽救回来,而且有向上发展。"❶

除巡视制度外,琼崖特委比较重视对组织工作的领导,琼崖特委明确规定各县委要有一名专人负责组织工作。"常委必须指定一人特别注意组织问题。组织会议,必须时常举行,如有若干区委书记或委员或重要支部负责人或县委巡视员到来,就须召集他们开组织会议,讨论组织问题。"❷对于琼崖共产党人开展党的建设来说,面临最大的挑战就是干部人才的缺乏,由于琼崖地处我国南海,教育文化落后,导致干部人才方面更加捉襟见肘。琼崖特委在给省委的报告里坦言:"琼崖的干部人才目前已成破产状态,因此各级指导机关的组织都很薄弱,能够自立工作的区委实在很少,支部更不待言。"❸区委因为干部人才缺乏很难独立开展工作,就连琼崖地区负责党的全面工作的琼崖特委九名常委,都感到对工作有些力不从心,"总之特委各委员对于特委工作都是感觉困难。"❹下面市县委干部匮乏的问题就更加突出了。"总之各县委的组织,乐会、琼东比较健

---

❶ 中共琼崖特委给省委的报告 [G] //中共广东省海南行政区委员会党史办公室,海南行政区档案馆. 琼崖土地革命战争史料选编. 海口:[出版者不详],1987:393.
❷ 同❶,第352页。
❸ 同❶,第374页.
❹ 同❶,第374页.

全,其余各县均薄弱。"❶

(4) 加强对党员的教育培训,不断增强党员的政治思想素质

琼崖农村革命根据地建立以后,大力发展党组织,在革命高潮到来之际,大批工人和农民加入党组织,极大地增强了党的力量,但是也带来如何在数量增长的同时保证党员质量的问题。大部分新党员的成分主要是农民,"农民十分之六,工人十分之一,学生十分之二,其他十分之一。"❷ 作为与自然经济紧密相连的农民阶级大量加入中国共产党,是中国的特殊国情,因为中国的资本主义发展不充分,工人阶级不但人数不多,而且大都分布在沿海城市中。在中国共产党发展农村革命根据地的过程中,工人阶级主要是部分手工业者,大量的党员来自农民阶级。农民阶级深受压迫,有很强的革命性,但是与工人阶级比起来,由于其落后的生产方式,自然经济的分散性,农民阶级在组织纪律上比较散漫。在吸收大量农民党员之后,就面临着如何通过培训,使他们加强无产阶级的阶级意识,增强党性的问题。李源作为省委的特派员,他的报告中就指出了琼崖党组织存在的党员质量问题,"虽然表面上工农同志占百分之七十,但是其训练未有,可以说未有什么作用的,都挂名 C. P. 一个,数量确是多,质量上很少。"❸ 面对这个局面,琼崖特委很早就注意到了党员的训练问题,训练班分成负责和普通两种,一种是培训领

---

❶ 中共琼崖特委给省委的报告 [G] //中共广东省海南行政区委员会党史办公室,海南行政区档案馆. 琼崖土地革命战争史料选编. 海口:[出版者不详],1987:375.

❷ 中共琼崖特委一月份总报告(给省委的报告第六次)[G] //中共广东省海南行政区委员会党史办公室,海南行政区档案馆. 琼崖土地革命战争史料选编. 海口:[出版者不详],1987:301.

❸ 李源给省委的报告 [G] //中共广东省海南行政区委员会党史办公室,海南行政区档案馆. 琼崖土地革命战争史料选编. 海口:[出版者不详],1987:316.

第3章 土地革命时期马克思主义在海南的实践

导负责同志,另一种是培训普通党员。"训练班分为负责、普通两种,均在各县举行。"❶ 训练的频率是比较高的,每个月开展一次负责同志和普通党员的培训。"县市委则每月必开一次负责同志训练班,以训练区委、支部之负责同志。普通同志训练班,则由区委(或县市委)开设,每月至少一次。"❷ 训练的内容主要是党的路线、方针、政策,中国革命的动力等。党员通过培训,增强了阶级意识和党的意识,培训多,党员的党性就强,培训不够,党的意识就比较薄弱,这充分说明了培训对党员党的意识培养的重要性。"乐会、万宁、琼山(仅指琼山东路)过去受过颇多训练,党的意识比较各县好一点,文昌次之(文昌特别是女同志忠实),琼东、定安、澄迈、陵水的同志对党意识薄弱。"❸ 在红军第二独立师,党员的培训工作非常重要,事关部队的战斗力。如果党员不能发挥先锋模范作用,支部不能起到战斗堡垒作用,党指挥枪的原则就很难实现。琼崖第二独立师曾经发生了第二团四连被反革命富农土匪分子煽动全连哗变投敌的反革命事变。出现这种情况,关键是党在军队中的领导力量薄弱造成的。"但主要的原因是党的无产阶级基础的领导力量薄弱,以致造成琼崖革命史上最污点的一件反革命事变。"❹ 四连事

---

❶ 中共琼崖特委关于宣传工作的报告 [G] //中共广东省海南行政区委员会党史办公室,海南行政区档案馆. 琼崖土地革命战争史料选编. 海口:[出版者不详],1987:293.

❷ 中共琼崖特委十二月份总报告 [G] //中共广东省海南行政区委员会党史办公室,海南行政区档案馆. 琼崖土地革命战争史料选编. 海口:[出版者不详],1987:291.

❸ 中共琼崖特委给省委的报告 [G] //中共广东省海南行政区委员会党史办公室,海南行政区档案馆. 琼崖土地革命战争史料选编. 海口:[出版者不详],1987:373.

❹ 红军第二独立师党委报告 [G] //中共广东省海南行政区委员会党史办公室,海南行政区档案馆. 琼崖土地革命战争史料选编. 海口:[出版者不详],1987:520.

件之后，琼崖特委总结经验教训，一方面完善政治委员和政治指导员制度，另一方面加强党员的教育培训。"加强党的教育工作，师委继续不断地召集各团连支负责同志训练班，各团同样召集各连支部干事及活动分子训练班，各连同样召集普通训练班。"❶

（5）加强宣传工作，出版党报党刊，提高党员的政治理论水平

思想建党，加强党的理论水平是中国共产党在党的建设方面的先进经验，为了使党员充分了解党的路线方针政策，了解各地斗争的动态和信息，琼崖特委一方面利用党中央和广东省委寄来的书刊和宣传品加强对党员的教育，另一方面结合本地的实际自办编印书刊，供党员学习。琼崖特委非常重视党的宣传工作，在给广东省委的每一份报告中，都专门有章节汇报党的宣传问题，而且屡次在报告中急切地向上级要求寄一些宣传的报纸杂志。"《红旗》《布尔塞维克》及各种印刷品请按期寄来。"❷ "《红旗》二、三、四、十一等期未收到，及《布尔塞维克》只收到第一期及第四期，请即补急寄来。"❸ 上级寄的宣传品毕竟数量有限，琼崖特委结合本地实际，出版若干刊物供党员学习。出版的主要刊物有《特委通讯》《红潮》。此外还有"琼崖公开的出版物有《领导》《光线》《苏维埃》《工农兵》，这四种是册装，内容多是革命理论和政治宣传"❹。党报、党刊的出版还有不同的阅读群体，分为对党员的内部宣传和对外的群

---

❶ 红军第二独立师党委报告［G］//中共广东省海南行政区委员会党史办公室，海南行政区档案馆.琼崖土地革命战争史料选编.海口：[出版者不详]，1987：521.
❷ 中共琼崖特委给省委的报告［G］//中共广东省海南行政区委员会党史办公室，海南行政区档案馆.琼崖土地革命战争史料选编.海口：[出版者不详]，1987：282.
❸ 同❷，第309页。
❹ 同❷，第395页。

众宣传，琼崖特委对这两方面都非常重视。琼崖特委指示各市县委要办好党员内刊："各县、市委应出［有］对内刊物，登载各地党部消息，批评党的重要政策及同志对各该县、市委工作之意见。"❶这些党报、党刊，对提高党员的政治思想和文化理论水平起到了积极的作用。虽然琼崖特委竭尽全力做好对内宣传工作，但是在给省委的报告里，特委坦承对内宣传工作还有很多的不足之处，"宣传工作缺陷，目前的政治路线、工作路线、党的策略、政策主张，不能传达到同志中去深刻了解。"❷之所以出现这样的问题，主要是两方面造成的，一是宣传人才匮乏，从琼崖特委到各县的宣传部工作都比较薄弱，宣传计划少，也没有经常召开宣传会议。二是技术问题，由于物资缺乏，加之在农村地区缺乏很好的印刷设备，很多宣传材料只能油印，而且数量有限，这使得宣传的效果大打折扣。

（6）在军队建立党组织，坚持党指挥的原则

在中国共产党领导的新民主主义革命中，无论是开辟农村革命根据地还是建立苏维埃政权，军队都发挥着重要作用。只有军队的武装斗争战胜国民党反动派的围剿，根据地才能巩固，苏维埃政权才能开展土地革命，赢得广大农民的支持。中国共产党领导的武装斗争在最初就与当时的军阀部队有本质区别。袁世凯倒台之后中国军阀混战导致了积贫积弱，军阀部队的弊端就在于军队私人化，大小军阀为了一己私利发动战争。中国共产党在武装斗争之初就避免军队私人化，坚持党对军队的集中领导，在部队建立政治委员制度。

---

❶ 中共琼崖特委给省委的报告［G］//中共广东省海南行政区委员会党史办公室，海南行政区档案馆. 琼崖土地革命战争史料选编. 海口：［出版者不详］，1987：353.

❷ 同❶，第377页。

毛泽东领导的"三湾改编"更是把党支部建在连队上，把党组织的触角延伸到军队的基层，从而更加贯彻了"党指挥枪"的原则。琼崖共产党人在领导武装斗争的过程中，始终坚持党对军队的集中统一领导，早在工农红军初创时期，琼崖特委就在讨逆革命军设立了党代表，由琼崖特委书记亲自兼任。"特委决定将各县的革命武装统一改编为琼崖讨逆革命军，成立琼崖讨逆革命军司令部，冯平任总司令，陈永芹任副总司令，杨善集任党代表。"❶ 1927年年底，琼崖讨逆革命军改名琼崖工农红军，琼崖特委把支部建立在军队上，在营一级建立了党支部，发展了800多名党员。1928年4月，广东省委指示琼崖特委关于军队党组织的设立问题："党在红军的组织，以连为单位，成立支部，排设一小组，连以上，团设团委，师设师委，直属于军委转特委。"❷ 在革命的过程中，琼崖特委不断根据实际加强党的领导。如前所述，由于人才缺乏和士兵文化素质等问题，琼崖红军第二独立师在给特委报告里坦承："党在红军中的领导力量，一般说来很是薄弱，支部不能起连中的核心作［用］，同志的政治水平低微。"❸ 党在红军里的领导力量薄弱导致了第二团四连集体哗变的反革命事件。针对这一教训，琼崖特委一方面加强对党员的培训，加强党组织的战斗力；另一方面加强了政治委员或者政治指导员制度。在军队，负责一线指挥的军事指挥员容易树立威信，而政治委员往往沦为军事主官的附庸。琼崖特委针对这一情况，不断提高政

---

❶ 中国共产党海南历史：第一卷［M］. 北京：中央党史出版社，2007.
❷ 中共广东省委琼崖工作计划大纲［G］//中共广东省海南行政区委员会党史办公室，海南行政区档案馆. 琼崖土地革命战争史料选编. 海口：［出版者不详］，1987：44.
❸ 红军第二独立师党委报告［M］//琼崖土地革命战争史料选编. 1987：520.

治委员的地位,扭转军队重视军事指挥忽视政治工作的不良倾向。事实证明,军队中党的工作不但不是军事工作的附庸,反而是军队工作的灵魂。只有加强了党对军队的领导,才能防止出现反革命集体哗变事件。加强了军队的政治工作,部队的战斗力和凝聚力也才有保证。

3.3.2 琼崖革命根据地的政权建设

马克思主义认为,无产阶级可以通过暴力革命夺取政权,推翻资产阶级的统治,并且对政权进行改造,改变其压迫人的国家机器属性,建立无产阶级专政,实现人民民主。工人阶级通过暴力革命夺取政权的伟大实践开始于巴黎公社,巴黎公社的起义最后失败了,马克思在《法兰西内战》中总结经验教训时指出:"无产阶级不能简单地掌握现成的国家机器并运用它来达到自己的目的,无产阶级应当打碎这个机器,而用新的机器来代替它。"这一思想为无产阶级夺权之后进行政权建设提供了理论指导。无产阶级政党不能简单利用现存的国家机器,否则革命果实就有被吞噬的危险。无产阶级专政夺权之后不但要打碎现有的国家机器的外在形式,更要改造其组织原则,改变其压迫奴役人的属性。"无产阶级必须建立一个体现打碎现成国家机器建构原则的,与现成国家具有截然不同性质的国家机器,才能达到自己的目的。"❶ 根据这一马克思主义的基本原理,

---

❶ 薛刚. 对"工人阶级不能简单地掌握现成的国家机器"原理的再认识[J]. 理论探讨, 1988(1).

琼崖特委在建立农村革命根据地的苏维埃政权中，十分注重苏维埃政权的阶级性，努力践行为人民服务的宗旨，全面扫除旧衙门的陋习，新生的苏维埃政权吸收工农群众加入，在土地分配、税收和社会管理方面都得到了人民的拥护。琼崖苏区的政权建设成了中国共产党局部执政的尝试，为革命斗争积累了经验。

1. 琼崖苏维埃政权的建立

中共广东省委在策划全岛暴动之初，始终要求琼崖党组织在暴动后立即成立苏维埃政权。1927年9月，广东省委指示琼崖特委，"屠杀土豪劣绅，根本上推翻其政权""建立农会的乡村政权及由县市的平民职业代表大会而产生之民选革命政府。"❶ "苏维埃"一词来自苏联，是代表大会的意思。琼崖特委要成立的苏维埃政权，一是坚持民主，二是坚持鲜明的阶级性，主要是由工农组成的人民民主政权，这就与旧社会由地主豪绅把持的压迫人民的政权有了本质的区别。在这封指示信里，鲜明指出了苏维埃政权代表了人民的利益，"提高工人生活，减租，废除一切旧税，定单纯而统一的税则。"❷ 新生的苏维埃政权代表了人民的利益，实现了人民的当家做主，那么它的组织形式就与旧衙门有本质区别。广东省委数次指示，苏维埃政权必须由群众代表大会产生，"绝不是将县政府换一块苏维埃招牌便算了事。所以苏维埃的组织必须是完全群众的代表会

---

❶ 中共广东省委关于琼崖暴动工作给琼崖特委的指示信［G］//中共广东省海南行政区委员会党史办公室，海南行政区档案馆.琼崖土地革命战争史料选编.海口：[出版者不详]，1987：1.

❷ 同❶，第2页。

议。"❶ "他的产生须是群众自下至上选举出来的，或者是群众大会产生的，再由苏维埃来产生政府。"❷ 马克思主义强调，无产阶级通过暴力夺取政权，实行无产阶级专政，而无产阶级专政的本质就在于实行人民民主，这与资产阶级建立的压迫人的国家机器有本质的区别。"资产阶级国家机器是千百年来由剥削阶级加强起来的，凌驾于社会之上的怪物，是不受人民控制的、专门压迫人民的寄生虫；无产阶级国家机器是回归社会、回归人民、社会自己管理自己、人民自己管理自己的正当国家组织，是向国家消亡过渡的暂时措施。"❸

苏维埃政权的建立由代表大会产生，而且强调要代表最广大人民的利益。琼崖革命根据地夺取政权之初，成立的是农会，夺取政权之后成立了苏维埃。广东省委多次指示："指挥群众暴动必须用苏维埃名义。这在琼崖已普遍适用，凡是有群众可以集会的地方，应普遍地设立乡或区的苏维埃。"❹ 在琼崖农村，农会是在暴力夺取政权之前就存在的组织，群众对于农会更熟悉也更信任，为什么广东省委给琼崖特委的指示信反复强调要建立苏维埃呢？主要是强调政权的代表性，农会只代表农民的利益，作为新生的人民政权，要尽可能代表最广大人民的利益，苏维埃不但代表农民利益，也代表了一切受压迫的阶级的利益，包括工农兵和小资产阶级、手工业者等。

---

❶ 中共广东省委复琼崖特委信 [G] //中共广东省海南行政区委员会党史办公室，海南行政区档案馆. 琼崖土地革命战争史料选编. 海口：[出版者不详]，1987：8.

❷ 同❶，第 16 页。

❸ 薛刚. 对"工人阶级不能简单地掌握现成的国家机器"原理的再认识 [J]. 理论探讨，1988（1）.

❹ 中共广东省委琼崖工作计划大纲 [G] //中共广东省海南行政区委员会党史办公室，海南行政区档案馆. 琼崖土地革命战争史料选编. 海口：[出版者不详]，1987：40.

新生事物让人们接受总是需要一个过程，在革命的过程中，苏维埃政权必须不断为人民谋利益，才能得到人民群众的拥护。在革命实践过程中，曾经出现了部分农民和妇女要求恢复农会和妇女协会的要求，对此，广东省委指示，要尊重群众的意见，不必强行成立苏维埃政权，"但旧无苏维埃，群众亦不要求组织苏维埃的，不应勉强建立苏维埃。"❶ 群众要求恢复农会和妇女协会，说明群众对苏维埃的接受要有一个过程，"似乎他们对苏维埃仍感觉到不很满足。这是群众对苏维埃之建立，尚未普遍地感觉急切。"❷ 尽管有些农民仍然留恋农会，但是广东省委还是指示琼崖特委，建立苏维埃是明确的方向，苏维埃要代替履行农会的职能，使农会自然消亡。"苏维埃必须尽力执行农会一切工作，使群众逐渐不感觉农会的需要。"❸ "大会认为农会可存留到苏维埃成立以后，一直到群众感觉不需要此种组织时而自然消灭。"❹

2. 琼崖苏区的党与苏维埃关系问题

苏维埃要代表最广大人民的利益，就必须扩大自己的代表性，从农会等单一阶级的代表到所有被压迫阶级的代表。在革命实践过程中，由于中国共产党是领导革命的党，在战争的环境下，苏维埃政权的建立通常由党包办，没有经过充分的选举，很多苏维埃委员

---

❶ 中共广东省委致琼崖特委信（琼字第七号）[G] //中共广东省海南行政区委员会党史办公室，海南行政区档案馆. 琼崖土地革命战争史料选编. 海口：[出版者不详]，1987：91.

❷ 同❶，第56页。

❸ 中共广东省委、团广东省委致琼崖特委信（1928-09-25）[G] //中共广东省海南行政区委员会党史办公室，海南行政区档案馆. 琼崖土地革命战争史料选编. 海口：[出版者不详]，1987：120.

❹ 同❸。

第3章 土地革命时期马克思主义在海南的实践

都是由党员担任。为此广东省委多次指出,要改变党包办苏维埃的做法,要通过群众选举使苏维埃成为有代表性的政权,"苏维埃政府中必须有非同志当选为委员,在工作上,在组织上必须将党与苏维埃分清,使群众亦明了苏维埃是自己唯一的政权。"❶ 虽然在1928年4月广东省委就指出了这一问题,但是显然要克服这个问题并没有那么容易。1932年1月,中共中央通过广东省委给琼崖特委的指示里还是再一次强调防止党包办苏维埃的问题:"只有严格纠正党包办苏维埃的错误(党只能经过党团的指导),经过广大群众的选举,自下而上地改造,才能吸引雇农贫农积极参加,才能使群众信仰苏维埃政权是自己的。"❷ 以党代政是革命的一时权宜之计,长期下去不利于革命的发展,因为政党和政府毕竟有本质的区别。中国共产党是工人阶级的先锋队,是革命的领导核心,党组织对党员的管理讲究的是纪律性,党员面对组织的决定要毫不犹豫地执行。而政府面对的一般的群众,在政策上应多采取说服教育,不能采取党员那样严格的纪律。另外在白色恐怖的情况下,以党代政还有可能导致党员身份暴露,带来一定的风险。广东省委给琼崖特委指示信里总结琼崖革命经验时候就指出,以党代政,党组织过于公开,在革命遭遇低潮的时候容易被敌人捕杀。"以前党的组织过于公开,而成分又很

---

❶ 中共广东省委琼崖工作计划大纲(1928-04)[G]//中共广东省海南行政区委员会党史办公室,海南行政区档案馆.琼崖土地革命战争史料选编.海口:[出版者不详],1987:44.

❷ 中共中央致广东省委指示琼崖苏区党部信(1932-01-04)[G]//中共广东省海南行政区委员会党史办公室,海南行政区档案馆.琼崖土地革命战争史料选编.海口:[出版者不详],1987:247.

复杂，失败时遂致易为敌人捕杀。"❶

3. 苏维埃政权的改造问题

为了保证苏维埃真正代表广大人民的利益，琼崖苏维埃政权进行了几次改造，改造的重点一是提高工农干部的比例，二是通过选举实行人民民主。"驱逐占据和钻进苏维埃机关的富农豪绅，进行自下而上真正群众的苏维埃政权的改造，现在是不能一刻迟缓的了。"❷ 驱逐富农豪绅是无可厚非的，因为这些人潜伏在苏维埃政府的内部必然会左右政策以符合他们的阶级利益，因此清除这些人是非常有必要的。但是到了1932年，苏维埃政权改造中，连知识分子也不被信任，而是一味强调工人和雇农，这就是一种"左"的错误了。苏维埃委员中工人和雇农极少，多在"学生分子，操纵之下，工人雇农不仅少，而且成为一种装饰品"❸。学生分子就是知识分子，在五四运动之后，很多知识分子参加了反帝反封建运动，因为工作能力突出而成为革命的领导者，这是革命的自然过程。毕竟以马克思主义为指导的中国新民主主义革命不同于以前的农民起义，它有一套完整的意识形态系统，要掌握它需要一定的文化程度。知识分子参加革命，是一种主义的认同，他们不是为了利益而参加革

---

❶ 中共广东省委、团广东省委致琼崖特委信［G］//中共广东省海南行政区委员会党史办公室，海南行政区档案馆. 琼崖土地革命战争史料选编. 海口：[出版者不详]，1987：109.

❷ 中共中央致广东省委指示琼崖苏区党部信（1932-01-04）［G］//中共广东省海南行政区委员会党史办公室，海南行政区档案馆. 琼崖土地革命战争史料选编. 海口：[出版者不详]，1987：247.

❸ 中共中央巡视员定川关于两广党的领导及各地工作情况的报告（1932-05-30）［G］//中共广东省海南行政区委员会党史办公室，海南行政区档案馆. 琼崖土地革命战争史料选编. 海口：[出版者不详]，1987：264.

命的。而当时共产国际和中共中央强调工人和雇农,他们参加革命的动机,由于其自身的文化素质,很难理解马克思主义的真谛,他们参加的动机更多是利益驱使。"在当时的中国,大多数工人均非近代意义上的工人,而雇农更是一个落后的阶层,二者只是因为贫穷才投身中共的革命事业去求富的,在理想与能力上都决不能与知识分子同日而语。"❶ 当然,工人和农民是革命的主体,这一点是毫无疑问的。知识分子离开了工农群众,就会孤芳自赏,很难凝聚革命的熊熊烈火。对于中国革命而言,知识分子与工农群众缺一不可,但是在"左"倾错误的影响下,过度强调苏维埃政权改造的工农化,忽视知识分子的作用,这有点厚此薄彼、矫枉过正了。纵观琼崖革命二十三年红旗不倒的奋斗历程,知识分子党员发挥了重要作用,早期的重要领导人有杨善集和王文明,以及琼崖革命坚强的领导核心、海南革命的一面旗帜冯白驹同志,都是知识分子出身的党员。当然,人性是复杂的,知识分子出身的党员也不一定个个都是英雄好汉,曾一度担任琼崖苏维埃政府主席的陈骏业,在敌人的围剿面前完全吓破了胆,偷偷脱逃队伍向陈汉光投降,成了可耻的叛徒,并一度担任改造政治犯的广州国民感化院的院长。当然,这只是个别现象,不是主流,琼崖革命中知识分子发挥了很大的作用,因此在苏维埃政权改造中排斥知识分子是一种"左"的错误。

除加强苏维埃政权中工农干部的比例外,苏维埃改造运动的第二个目标是加强民主建设,真正的民主选举,才能得到群众的拥护。

---

❶ 刘昊. 革命的地方性——中共领导的广东土地革命研究(1927—1934)[D]. 上海:上海大学,2010.

广东省委致琼崖特委信中反复强调苏维埃政权建设的民主选举问题。"以后有苏维埃的地方，应即改组，委员应由群众自己选出。"❶ 新生的苏维埃政权之所以强调民主问题，就在于用马克思主义指导苏维埃运动，目的就是人民当家做主，就是改变旧政权压迫人民的本质。马克思在《法兰西内战》中指出："公社必须由各区全民投票选出的市政委员组成，这些市政委员对选民负责，随时可以罢免。"❷ 马克思指出巴黎公社之所以是无产阶级夺取政权的伟大尝试，就在于其实行了真正的民主，在《法兰西内战》一文的结尾，马克思指出："这样，政府的压迫力量和统治社会的权威就随着它的纯粹压迫性机构的废除而被摧毁，而政府应执行的合理职能，则不是由凌驾于社会之上的机构，而是由社会本身的负责任的勤务员来执行。"❸ 作为管理社会的政府，有其存在的必要，无政府主义是不切实际的空想。马克思主义不是无政府主义，马克思主义主张的政权建设，是对一切压迫人民的社会国家机器的改造，保留其合理职能，扬弃其压迫的属性，回归到政府本身的职能——管理社会。一切压迫阶级主导的国家机器的特点就是少数人垄断国家机器的权力，少数特权阶级压迫大多数人。巴黎公社的伟大尝试在于，打破这种公权力私有化的局面。"公社一举而把所有的公职——军事、行政、政治的职务变成真正工人的职务，使它们不再归一个受过训练的特

---

❶ 中共广东省委致琼崖特委信（指字第一号）（1928-11-29）[G] //中共广东省海南行政区委员会党史办公室，海南行政区档案馆. 琼崖土地革命战争史料选编. 海口：[出版者不详]，1987：133.

❷ 马克思恩格斯选集：第三卷[M]. 北京：人民出版社，1995：121.

❸ 同❷，第122页。

第 3 章　土地革命时期马克思主义在海南的实践

殊阶层所私有。"❶ 马克思主义为指导的苏维埃运动，其政权建设就是巴黎公社伟大尝试之后的中国实践，它强调政府职能回归人民，政权建设由骑在人民头上作威作福的压迫国家机器到真正服务人民的人民勤务员。中国共产党领导的琼崖苏维埃运动，也把实现人民民主当作主要目标，在 1931 年 3 月 26 日的琼崖苏维埃政府通令（第一号）中，通报了全琼工农兵第三次代表大会的选举结果。会议选举了符明经等 31 人为第三届执行委员，并且由执行委员会选举了 9 名常务委员会委员，选举结果除报告全国苏维埃中央临时政府外，还向社会各界群众公开。

4. 群团组织的大规模成立

琼崖苏维埃运动政权建设的一个重要方面就是大规模开展群团建设，作为苏维埃政府的有效补充，以更好地履行为人民服务的职能。马克思在《法兰西内战》中指出："公社——这是社会把国家政权重新收回，把它从统治社会、压制社会的力量变成社会本身的生命力；这是人民群众把国家政权重新收回，他们自己的力量去代替压迫他们的有组织力量。"❷ 琼崖苏维埃政府代表了受压迫人民群众的利益。但是社会各阶层的利益是多元化的，按照马克思主义的指导，人民群众应该自己解放自己，加强社会的自我管理。这样不但能更好地代表社会各阶层的利益，为各界群众在利益博弈的时候提供有效平台；也能更好地动员群众，加强人民群众的主人翁意识。以马克思主义为指导的琼崖苏维埃运动，非常重视群众组织的发展，

---

❶ 马克思恩格斯选集：第三卷［M］．北京：人民出版社，1995：122.
❷ 同❶，第 95 页。

把它当成政权建设的有机组成部分。据琼崖苏维埃政府给中华苏维埃筹备委员会信中介绍，琼崖苏维埃运动的群众组织有代表农民利益的农会，代表工人利益的工会，还有妇女的妇女委员会，社会救济组织互济会，反帝大联盟等。群众组织的数量十分可观。"全琼有组织的总数有33133（其中有赤卫队695人，经常集中的赤卫队325人，少锋4613人，童团3160人），其成分妇女占30％。"❶ 由此可见，琼崖群众组织的规模是很大的，一个突出的特点就是妇女参加群众组织的比例非常高。群团组织很好地代表了某一特定阶层的利益，有效地组织了群众，在从事专门工作方面更是发挥了不可替代的作用。比如互济会，作为救济慰劳的社会组织，它在争取广大群众方面发挥了很大的作用，而且其作为社会慈善组织可以在非苏区的城市和白区开展工作。在中共琼崖特委的一份通告中，就指出目前琼崖互济会的缺陷就是只在苏区开展工作："目前互济会的政治影响还是在苏区的周围中，但它在苏区中的影响仍是不力的，在非苏区的城市与白色乡村的影响［好］似浪平水静的状态。"❷

在琼崖苏维埃运动中，群众组织的发展一直在琼崖特委和琼崖苏维埃政府的领导之下进行。琼崖苏维埃政府在通令里指出，各群众组织在独立开展工作的同时，要及时向琼崖苏维埃政府汇报工作，

---

❶ 琼崖苏维埃政府给中华苏维埃筹备委员会信（1931-04-10）[G]//中共广东省海南行政区委员会党史办公室，海南行政区档案馆．琼崖土地革命战争史料选编．海口：[出版者不详]，1987：418.

❷ 中共琼崖特委通告（第三十八号）（1931-11）[G]//中共广东省海南行政区委员会党史办公室，海南行政区档案馆．琼崖土地革命战争史料选编．海口：[出版者不详]，1987：488.

以便得到相应的指导,"琼崖互济会、琼崖反帝大同盟,今后亦应将一切情形随时报告本政府,以便给[加]予指导。"❶ 一些组织成立之后就有自我独立的情况,为此琼崖苏维埃政府特别强调,所有的群团组织和内设机构,都要接受琼崖苏维埃政府的领导。琼崖苏维埃政府为了加强经济工作,成立了琼崖经济委员会,在各县也有分支机构,有些市县的经济委员会以为是独立的机构,只接受上级经济委员会的领导,不接受同级苏维埃的领导,琼崖苏维埃政府在通令中批评了这一行为,只是经济委员会不是脱离苏维埃政府的独立组织。"各县经济委员会,有些认为是独立的组织,不受县苏(维埃政府)指挥(如澄迈经委等),这是很错误的。"❷

巴黎公社的一个尝试就是以国民自卫军代替了军队,在琼崖苏区也有类似的尝试,有组织的群众配合红军主力参战,发挥了重要作用。"有组织的群众除编队定期训练外;经常的工作是交通、侦探、救护、放哨、戒严,参加红军作战,进行游击战争。"❸

5. 反腐倡廉建设

对于新生的人民政权来说,要体现为人民服务的宗旨,要扫除旧政权的陋习,就必须与腐败问题做斗争。政府工作人员的腐败问题,一方面来自贪婪的人性,另一方面来自不受监督的权力。马克

---

❶ 琼崖苏维埃政府通令(第六号)(1931-06-25)[G]//中共广东省海南行政区委员会党史办公室,海南行政区档案馆. 琼崖土地革命战争史料选编. 海口:[出版者不详],1987:429.

❷ 同❶。

❸ 琼崖苏维埃政府给中华苏维埃筹备委员会信(1931-04-10)[G]//中共广东省海南行政区委员会党史办公室,海南行政区档案馆. 琼崖土地革命战争史料选编. 海口:[出版者不详],1987:418.

思非常深刻地指出以往的剥削制度必然导致腐败。在《法兰西内战》中，马克思揭露了资产阶级政客梯也尔利用国家权力为自己谋取私利的丑恶嘴脸："他第一次当路易·菲利浦的内阁首相时，穷得像［和］约伯一样，而到离职时已经成了百万富翁……在波尔多的时候，他为了使法国避免即将来临的财政崩溃而采取的第一个措施，就是给自己规定了300万法郎的年俸；这就是他1869年在他的巴黎选民面前当作前景描绘出的那个'节俭共和国'的全部内容。"❶ 马克思主义认为，剥削制度必然导致腐败，封建社会和资本主义社会腐败的根源就在于此，无产阶级领导的人民政府要解决腐败问题，除了消灭剥削制度外，还必须与旧思想、旧习俗做坚决的斗争。马克思深刻地认识到，无产阶级建立的人民政府，一开始也无法从根本上清除腐败问题。因为私有制的影响还在，剥削阶级通常在意识形态领域占优势，被剥削阶级虽然推翻剥削阶级的政权，但是要消除剥削阶级的意识注定是一个长期的过程。"不可否认，在无产阶级国家里依然存在官僚主义。在私有制及其影响没有得到彻底清理以前，绝对不能说无产阶级政权里没有官僚腐败。"❷ 认识到反腐败的艰巨性，琼崖特委领导的苏维埃运动在革命的一开始就对腐败问题进行了不懈的斗争。1927年11月攻打陵水县城时，一个征收员趁没收奸商财物的机会，偷拿布匹回家。为了严明法纪，中共陵水县委书记黄振士请示特委批准，判处该征收员死刑。❸ 这个征收员贪污

---

❶ 马克思恩格斯选集：第三卷［M］.北京：人民出版社，1995：40.
❷ 王传利.马克思主义视野中的官僚腐败及其治理［J］.理论与评论，2018（2）.
❸ 覃偲，陈立超.以史为鉴，继往开来——新民主主义革命时期中共琼崖地方组织的反腐倡廉工作［J］.今日海南，2013（3）.

第 3 章　土地革命时期马克思主义在海南的实践

的数额并不大，但是最后被处以极刑，显示了琼崖特委对腐败问题零容忍的决心。在根据地建设时期，琼崖苏维埃政府通过立法惩治政府工作人员的腐败行为，1930 年 3 月《琼崖苏维埃工农民主政府工作人员违法惩办条例》规定，有下列行为之一者枪决：侵吞公款至 300 银圆以上者；受贿至 50 银圆以上者；将内部秘密报告敌方者；乱烧乱杀者；假借政府名义私打土豪者。❶ 琼崖苏维埃政府并未让这些严厉的法律流于形式，而是真正地执行。"1934 年上半年，仅乐会、万宁苏区就严厉处置军政人员 17 名。其中处死刑 5 名，判处监禁劳动者 8 名，撤职处分 4 名。"❷ 严厉的反腐措施深受人民群众的欢迎。反腐败的另一举措就是财务公开，接受人民群众的监督，在琼崖苏维埃政府第十号通令中，要求组织财政支销委员会，监督财务支出。"开始组织财政支销委员会，切实执行检查日常开支账目，勿违此令。"❸

3.3.3　琼崖革命根据地的经济建设

琼崖地处中国南海，经济比较落后，岛内农民以农业为生，剩余的劳力大都奔赴南洋谋生，靠大量的南洋侨汇来支撑琼崖经济社会发展。作为一个岛屿经济体，容易遭到外来封锁而陷入困境，特别是琼崖这种经济呈现外向型的岛屿。在琼崖革命的过程中，琼崖特委经常面临的困境就是物资短缺、经费不足，在一个孤岛上开展

---

❶ 海南省史志工作办公室. 海南省志·公安志 [M]. 海口：南海出版公司，1997.
❷ 同❶。
❸ 琼崖苏维埃政府通令（第十号）(1931-07-28) [G] //中共广东省海南行政区委员会党史办公室，海南行政区档案馆. 琼崖土地革命战争史料选编. 海口：[出版者不详]，1987：434.

革命是非常艰难的。聂荣臻元帅所说的"孤岛奋战，艰苦卓绝"不仅是指敌人凶残的围剿，同时也是指如何在物资奇缺的孤岛上筹措经费、生产粮食和购置武器以开展斗争。这些都考验着琼崖共产党人的智慧和信仰。经济斗争与政治军事斗争是紧密相连的，因为所有斗争的前提是以人的生存为前提。因此，总结琼崖革命根据地的经济建设的经验和教训，有利于更加深刻地揭示琼崖如何坚持二十三年的艰苦斗争，也为今天海南建设自贸区、自贸港提供历史借鉴。

1. 琼崖革命根据地经济建设的困难

由于琼崖革命根据地主要在农村，城市和港口都控制在敌人手里，因此面临敌人的封锁时，根据地经济容易发生严重困难。"琼崖目下反动势力仍盘踞在城市圩场，甚至大多数的港口，农业的生产品便堆积在乡村无法输出。南洋华工汇兑给乡村家属的钱，又多为城市敌人扣留。同时城市圩场手工业的出品及日用商品，因为敌人侦探，亦不能流通到各乡村。"❶ 敌人控制了城市和港口，琼崖特委获得外来接济的途径就被切断，由于交通不便，加之广东省委在经费上也很紧张，琼崖革命根据地在上级拨款和接济上少之又少，大部分都靠自力更生。"省委在经济万分困难［底］下抽出一百元港洋津贴特委，此款是一次性的津贴，以后经常费还是要特委自筹，省委不能经常津贴。"❷ 广东省委经费十分困难，接济给琼崖特委的

---

❶ 中共广东省委琼崖工作计划大纲（1928-04）［G］//中共广东省海南行政区委员会党史办公室，海南行政区档案馆.琼崖土地革命战争史料选编.海口：［出版者不详］，1987：44.

❷ 中共广东省委给琼崖特委、琼崖各级党部的指示（1929-05-26）［G］//中共广东省海南行政区委员会党史办公室，海南行政区档案馆.琼崖土地革命战争史料选编.海口：［出版者不详］，1987：155.

第 3 章　土地革命时期马克思主义在海南的实践

津贴数目很小，甚至有时候广东省委还要求琼崖特委接济省委，"琼崖特委每月至少须供给省委三千元；在月初派交通送来。"❶

除了敌人的经济封锁、上级经费的不足，琼崖特委领导的革命根据地还面临着阶级敌人赤裸裸的破坏，豪绅地主阶级不甘心自己的失败，经常纠结地方民团到根据地进行烧杀抢掠。琼崖特委代表在中央会议上报告指出，根据地"同志及民众被难者约六千人，房屋被焚者约七千间"❷。"敌人集中全力包围第三区民众，大施屠杀。除工农革命军第二营开往援救，有两千余农民得脱险外，查被杀者约有千人，一切食粮抢劫殆尽，房屋亦已焚去大半。"❸

经济封锁、经费不足、阶级敌人的破坏造成琼崖革命根据地在经济上陷入十分困难的境地，药品急缺，以致琼崖革命重要领导人徐成章受伤后无药治疗，最后牺牲，令人扼腕叹息。"好比徐成章同志，打万宁之分界时打伤，都未有药来止痛直到痛死。"❹"现在我们特委住的地方，几乎连火柴、油、纸笔，一切工业品都买不到用。"❺经费不足导致了一些负责同志不得不去工作来贴补革命，无

---

❶ 中共广东省委给琼崖特委信（1928-01-28）[G]//中共广东省海南行政区委员会党史办公室，海南行政区档案馆.琼崖土地革命战争史料选编.海口：[出版者不详]，1987：11.

❷ 中共琼崖特委代表在中央会议上的报告（1928-04）[G]//中共广东省海南行政区委员会党史办公室，海南行政区档案馆.琼崖土地革命战争史料选编.海口：[出版者不详]，1987：335.

❸ 中共琼崖特委一月份总报告（1928-01-25）[G]//中共广东省海南行政区委员会党史办公室，海南行政区档案馆.琼崖土地革命战争史料选编.海口：[出版者不详]，1987：297.

❹ 李源给省委的报告（1928-02-25）[G]//中共广东省海南行政区委员会党史办公室，海南行政区档案馆.琼崖土地革命战争史料选编.海口：[出版者不详]，1987：317.

❺ 同❹。

法成为一个真正的职业革命者，"负责同志多吃自己饭，穿自己衣，做团体工。"❶

2. 琼崖革命根据地的经济建设

在琼崖远离内陆的不利条件下，容易遭到敌人的封锁，上级的接济和南洋的侨汇也不能根本解决问题，必须立足自身、自力更生，才能真正在海岛上扎根下去。为了克服经济困难，琼崖特委领导军民做着自力更生的各种努力。早在母瑞山革命根据地开辟之初，由于敌人的封锁，山上发生了粮食困难，王文明等领导同志指出，要坚持长期斗争，必须藏粮于山，因此琼崖特委做出了开荒建设母瑞山农场的决定。在特委的领导下，干部战士一起参加劳动，在三个月的时间里办了三个农场，依靠自力更生、艰苦奋斗，基本解决了根据地的粮食和蔬菜供给问题，打破了敌人的封锁，使革命的星星之火在母瑞山得以保存。1939年，在延安面临日本和国民党顽固派严密封锁的情况下，中央派王震率领359旅开赴南泥湾进行军垦，渡过了抗日战争最艰难的岁月。而琼崖革命根据地早在1928年就进行了母瑞山农场的开办。"党政军干部战士一齐动手，开荒种地，兴办农场，这在全国来说，也是首创。"❷ 自己动手，丰衣足食，母瑞山农场的成功表明地处中国南海的琼崖要解决补给问题，必须立足自身，特殊的地理环境决定了琼崖特委必须长期坚持自己动手，自

---

❶ 中共琼崖特委代表在中央会议上的报告（1928-04）[G]//中共广东省海南行政区委员会党史办公室，海南行政区档案馆. 琼崖土地革命战争史料选编. 海口：[出版者不详]，1987：335.

❷ 王礼琦，邢益森，武力. 琼崖革命根据地的经济斗争[M]. 海口：海南人民出版社，1989：51.

第3章 土地革命时期马克思主义在海南的实践

筹经费开展革命。除了在母瑞山开办农场,在乐会四区,中共乐会县委组织了一百多人在乐会四区赤土寮、定壮岭一带开垦了二百多亩荒地,由陈召盛任场长。这个农场一直开办到1932年秋,在陈汉光的围剿下,场长牺牲,农场才解散。❶

(1) 恢复商业贸易

除了发展农场生产粮食,恢复和发展商业贸易也是琼崖特委经济建设的重要方面。马克思主义深刻地揭示了商品交换对发展生产力的重要意义,商品交换促进了生产的分工,从而极大地促进了生产力的发展。琼崖特委在革命之初,对商人一度采取"左"的政策,攻打城市的时候一度焚毁一些商店。后来在革命实践中发现,商业经济的繁荣有利于苏维埃获取革命物资,更有利于政府征收稳定的商业税,缓解苏维埃政府的财政困难。1928年4月,广东省委琼崖工作大纲就指出,要千方百计地恢复商业贸易,"目前被我们占领之港口,可与广州湾的商人,订立条件,奖励其开船前往贸易,也是临时救济一策。"❷ 小商人和小作坊代表了城市小资产阶级,他们并不是革命的对象,因为他们对人民没有严重地剥削,他们深受统治阶级的严重剥削,有一定的革命性,他们是革命的同路人和同盟者。因此,无论是从活跃经济还是从政治上争取同盟者的角度,都应该让小商人尽快恢复营业。广东省委指示:"应用党的名义及苏维埃名义分别发表宣言,宣布对小商人之政纲,在苏维埃政府下,准许小

---

❶ 王礼琦,邢益森,武力. 琼崖革命根据地的经济斗争 [M]. 海口:海南人民出版社,1989:51.

❷ 中共广东省委琼崖工作计划大纲 (1928-04) [G] //中共广东省海南行政区委员会党史办公室,海南行政区档案馆. 琼崖土地革命战争史料选编. 海口:[出版者不详],1987:45.

商人营业，作坊、小工厂开工，并取消一切苛捐杂税、废除厘金。"❶ 1928年5月，特委表示要"对小商人应尽力加以保护并秘与之交通，使工业品与农业品互相流通，所有商店非特别妨碍作战者，一律不得毁坏"❷。保障小商人的基本利益，才能使商业繁荣起来，但是在革命的过程中，侵犯商人利益的行为屡有发生。"所有各市镇的铺宇，民众也自动起来焚毁殆尽了。"❸ 在革命的过程中，一些商人在豪绅地主的领导下，参与了罢市行为，文昌就曾罢市数月。这使得琼崖特委感觉一些商人不可靠："即罢市中一般商人也未必完全可靠。"❹ 鉴于基层出现了侵犯商人利益的行为，广东省委在指示中明确了一条标准，不妨碍作战的不得毁坏。但是在实际工作中，作为上级的广东省委在对待商人利益的态度上也有过摇摆，在1928年5月给琼崖特委的信中，提到了对中小商人的特别筹款。"对中、小商人的特别筹款，为了很快完成全岛〔割据〕，可以坚决执行，不必过于牵〔迁〕就商人。"❺ 细读广东省委的指示，发现虽然这条指示可以对中、小商人进行特别筹款，但这是有前提条件的，就是为了一个短期的重大目标——全岛割据而不得不为之的权宜之计。因此，

---

❶ 中共广东省委琼崖工作计划大纲（1928-04）[G]//中共广东省海南行政区委员会党史办公室，海南行政区档案馆. 琼崖土地革命战争史料选编. 海口：[出版者不详]，1987：45.

❷ 中国人民解放军历史资料丛书编审委员会. 土地革命战争时期各地武装起义：广东琼崖地区[M]. 北京：解放军出版社，1996：186.

❸ 中共琼崖特委一月份总报告（1928-01-25）[G]//中共广东省海南行政区委员会党史办公室，海南行政区档案馆. 琼崖土地革命战争史料选编. 海口：[出版者不详]，1987：298.

❹ 同❸，第299页。

❺ 中共广东省委致琼崖特委信（1928-05-19）[G]//中共广东省海南行政区委员会党史办公室，海南行政区档案馆. 琼崖土地革命战争史料选编. 海口：[出版者不详]，1987：59.

第 3 章 土地革命时期马克思主义在海南的实践

虽然革命过程中基层发生过侵犯中小商人利益的行为，作为上级指导机关的广东省委在对商人的政策方面也有前后不一致的地方，但是总的精神还是保护中、小商人利益的，千方百计恢复和发展商业贸易总的思路是没有变的。与内陆同期的革命根据地对中、小商人的政策相比，琼崖革命根据地对商人的政策是比较温和理性的。内陆一些地方执行"左"倾的对待商人的政策："把小资产变成无产，然后强迫他们革命的政策，四月全军到边界后，烧杀虽仍不多，但对城市中等商人的没收和乡村小地主的富农的派款，是做得十分厉害的。"❶

除恢复原有的商业贸易外，为了打破敌人的封锁，琼崖特委还鉴于革命根据地贸易集市偏远，农民买简单的日用品都要往返很远的距离，而敌人对苏区严密封锁，广大人民群众又有交换劳动产品的需求的情况，琼崖特委因势利导，决定在根据地内部开辟农村集市，方便群众互通有无，活跃根据地经济。

1929 年 7 月，在乐会四区赤赤乡的玉石坡开辟了一个农村市场，让根据地人民来此自由贸易。这个市场不但吸引了根据地的人民自由交换各自的农产品，白区一些商号的店员也挑着商品穿过敌人的封锁线前来交易。从农产品到各种手工业品，市场呈现繁荣热闹的景象。琼崖苏维埃政府开辟的农村贸易市场，不但具有经济功能，还兼有宣传功能。苏维埃政府利用群众赶集的机会，组织学习的学员搭台演讲，宣传革命道理和保护商人自由贸易的政策。❷ 类似的农

---

❶ 井冈山的斗争 [M] //毛泽东选集：第一卷. 北京：人民出版社，1991.
❷ 王礼琦，邢益森，武力. 琼崖革命根据地的经济斗争 [M]. 海口：海南人民出版社，1989：60.

村市场还在琼山县、万宁县举办过。到了第二次土地革命高潮期间，苏区内所有的乡镇均建立了市场，"苏区中均有以区为单位创造合作社与新市以销售食品与农民用具。"❶ 革命根据地的农村市场，是琼崖苏维埃政府领导开辟的，有一定的公营经济参加贸易活动。在市场内，人民群众之间可以自由贸易，商人的合法权益也得到了保护，让他们有利可图，取消了一切苛捐杂税和欺行霸市的丑恶行径，实现公平买卖。农村市场的开辟，不但改变了集市贸易只在城镇中的城乡格局，方便了根据地的人民互通有无，也改革了国民党政权管理市场的弊病，为琼崖共产党人局部执政的经济管理工作积累了经验。

除了农村市场的开辟，琼崖苏维埃政府还发展了公营经济，就是兴办各类合作社。农民消费合作社的初衷是建设商人的中间差价，真正做到让利于民。但是商业追逐利润的本性却有很强的生命力，在农民合作社经营的过程中，一些合作社违背初衷，经营一些不是农民生活所需的必需品，而且定价很高，引起一些农民的不满，"使农民有不信仰和不满意合作社的表示（如东四区合作社等）。"❷ 琼崖苏维埃政府在政府通令上批评了这一行为，并且进行了整顿。合作社整顿强调了两点，一是贩卖货物必须是农民日常必需品，二是

---

❶ 共青团广东省委关于琼崖工作情形给中央的报告（1931 - 11 - 16）[G] //中共广东省海南行政区委员会党史办公室，海南行政区档案馆. 琼崖土地革命战争史料选编. 海口：[出版者不详]，1987：223.

❷ 琼崖苏维埃政府通令（第九号）（1931 - 07 - 27）[G] //中共广东省海南行政区委员会党史办公室，海南行政区档案馆. 琼崖土地革命战争史料选编. 海口：[出版者不详]，1987：433.

利润应该控制在一个合理的空间,"所得的利润,不得超过百分之五。"❶ 农民消费合作社是具有公营性质的,它的目的是服务群众,并不是以追求利润为第一目的,而且它在选择货物的时候以农民急需的日常货物为主,华而不实的奢侈品尽量不去经营。因此,它的经营方向还有引导农民移风易俗、合理消费等目的。

(2) 根据地的财政建设

琼崖革命根据地的财政建设比内陆革命根据地更加困难,一是上级的资助有限,二是岛屿经济体容易遭到敌人的封锁。在革命的早期,苏维埃政权没有建立,没有可靠的财政来源,主要靠没收一些土豪劣绅的资产和战斗缴获,其困难程度可想而知。广东省委曾要求琼崖特委供给省委经费每个月3000元,琼崖特委表示无能为力,"所以从目前情形看来,每月筹三千元供给省委,事实上是做不到的,候后努力筹出若干,当即付上。"❷ 在根据地建设受挫时期,红色政权和根据地的各项建设均遭破坏,因而财政困难到了极点,一些职业的革命者没有收入来源,吃饭都成了问题,"目前海口经济困难非常(负责人饭碗也发生恐慌了),请省委设法救济多少,以应目前之急,再低要付百来元再设法。"❸ 身处白区的同志如此,在母

---

❶ 琼崖苏维埃政府通令(第九号)(1931-07-27) [G] //中共广东省海南行政区委员会党史办公室,海南行政区档案馆.琼崖土地革命战争史料选编.海口:[出版者不详],1987:433.

❷ 中共琼崖特委给省委的报告(1928-02-03) [G] //中共广东省海南行政区委员会党史办公室,海南行政区档案馆.琼崖土地革命战争史料选编.海口:[出版者不详],1987:306.

❸ 中共海口市委报告(1928-08-14) [G] //中共广东省海南行政区委员会党史办公室,海南行政区档案馆.琼崖土地革命战争史料选编.海口:[出版者不详],1987:581.

瑞山坚持斗争的红军指战员和战士更是因为经济问题出现了生存危机,"经济断绝,已经饿死三十余人于深山了。苟党不予以有力的、具体的、迅速的救济,则只有完全解散,甚至消失。"❶蔡廷锴军调离琼崖之后,特委重建,革命从低潮开始恢复,但是经济问题还是一直困扰着琼崖特委。琼崖特委的经费紧张,而工作又不得不开展,万般无奈之际只有卖枪筹款和向私人借款,"其余的三百五十元是发卖枪壹枝,银一百五十元,再其余者是各县津贴一百元左右外,百数十是特委各负责同志私人借来的。"❷武器是革命者的生命,不到迫不得已是不会卖武器筹钱的,从这一困难就可以想象当时琼崖特委面临的财政危机。革命高潮的时候,红军规模扩大,各级党组织不断发展,支出相应增加,也给琼崖特委造成很大的经济压力。因此,无论革命处于高潮还是低潮,对于琼崖军民来说,财政上都是非常困难的,在这种困难的境地下,琼崖军民没有气馁,在琼崖特委的领导下,坚持艰苦奋斗、自力更生,千方百计开辟财源,保证革命工作的各项经费支出,战胜财政危机。

(3)获取财政收入的几种方式

战争缴获是琼崖军民解决财务危机的重要手段,战争缴获除了武器弹药之外,还有大量的物资,以增加财政收入。缴获的大量物资,可以解决党政军机关的补给问题,一些难以运输的物资一般就地分给贫苦的农民,这样就扩大了红军的政治影响,获得了农民的

---

❶ 罗文淹致中央信. 1929-06-25.
❷ 中共琼崖特委给省委的报告(1930-02-01)[G]//中共广东省海南行政区委员会党史办公室,海南行政区档案馆. 琼崖土地革命战争史料选编. 海口:[出版者不详],1987:386.

支持。战争缴获壮大了自己,削弱了敌人的物质基础,扩大了影响力,因此具有政治和经济的双重意义。

从陵水建立第一个县级苏维埃政权到陈汉光渡海围剿琼崖红军,琼崖苏区遭到严重的破坏。虽然苏区始终面临着敌人的军事围剿,没有一个和平稳定的环境,但是在琼崖特委的领导下,苏维埃政权还是取得了很大的成绩,最重要的就是完成了琼崖的土地改革,广大人民在经济上和思想上翻了身。其次就是积累了局部执政的经验,在党政关系调整、群团建设、反腐败斗争中,琼崖苏维埃政权都进行了有效的探索,取得了很多有益的经验。

参考文献

一、著作

[1] 马克思恩格斯选集：第一卷［M］. 北京：人民出版社，1995.

[2] 毛泽东选集：第一卷［M］. 北京：人民出版社，1991.

[3] 毛泽东选集：第二卷［M］. 北京：人民出版社，1991.

[4] 毛泽东选集：第三卷［M］. 北京：人民出版社，1991.

[5] 冯白驹. 中国共产党的光辉照耀在海南岛上［M］. 广州：华南人民出版社，1951.

[6] 冯白驹. 关于我参加革命过程的历史情况［M］//中共广东省委党史资料征集委员会，中共广东省委党史研究委员会办公室. 广东党史资料. 广州：广东人民出版社，1985.

[7] 海南行政区档案馆. 琼崖革命根据地财经税收史料选编：一［M］. 海口：海南人民出版社，1984.

[8] 海南行政区档案馆. 琼崖革命根据地财经税收史料选编：二［M］. 海口：海南人民出版社，1984.

[9] 李德芳. 海南历史文化大系历史卷：琼崖革命史［M］. 海口：海南出版社，2008.

[10] 李德芳. 琼崖革命精神论［M］. 武汉：武汉大学出版社，2007.

［11］琼崖武装斗争史办公室. 琼崖纵队史［M］. 广州：广东人民出版社，1986.

［12］王礼琦，邢益森，武力. 琼崖革命根据地的经济斗争［M］. 海口：海南出版社，1989.

［13］肖焕辉. 琼崖曙光［M］. 广州：广东人民出版社，1989.

［14］张兴吉. 民国时期的海南（1912—1949）［M］. 海口：海南出版社，2008.

［15］赵康太. 琼崖革命论［M］. 海口：南海出版公司，1999.

［16］中共海南区党委党史办公室. 冯白驹研究史料［M］. 广州：广东人民出版社，1988.

［17］中共海南省委党史研究室. 中国共产党海南历史：第一卷［M］. 北京：中共党史出版社，2007.

［18］陈永阶. 琼崖革命先驱者文集［G］. 海口：琼岛星火编辑部，1985.

［19］中共海南省委党史研究室. 琼崖大革命史料选编［G］. 海口：［出版者不详］，1994.

［20］中共海口市委党史研究室，中共琼崖一大旧址管理处. 竹林里风雷——中共琼崖一大学术研讨会论文选［G］. 北京：中共党史出版社，2009.

［21］海南财政经济史编写组. 琼崖革命根据地财政经济史［M］. 北京：中国财政经济出版社，1988.

［22］吴之，贺朗. 冯白驹传［M］. 北京：当代中国出版社，1996.

［23］中共海南省委党史研究室，海南省中共党史学会. 琼崖革命研究论文选［M］. 北京：中共党史出版社，1994.

［24］田子渝. 马克思主义在中国的初期传播史［M］. 北京：学习出版社，2012.

［25］黄进华. 马克思主义在中国东北的传播（1900—1930）：基于历史学和传播学的视角［M］. 北京：中国社会科学出版社，2012.

[26] 徐素华. 马克思恩格斯著作在中国的传播：MEGA² 视野下的文本、文献、语义学研究 [M]. 北京：中国社会科学出版社，2013.

[27] 崔开勇，陈琳. 母瑞山 [M]. 海口：海南出版社，1993.

二、论文类

[1] 黄文主. 琼崖纵队经济保障史实 [J]. 军事经济研究，1992（7）.

[2] 王齐冰. 试析琼崖妇女革命悲情的历史文化成因 [J]. 海南大学学报（人文社会科学版），2000（9）.

[3] 韦经照. 琼崖妇女运动概述 [J]. 海南师范学院学报，1984（3）.

[4] 徐冰. 琼崖革命的历史转折点——内洞山会议 [J]. 海南大学学报，1999，17（3）.

[5] 唐若玲. 试论琼崖革命根据的经济建设 [J]. 海南师范大学学报，2003（3）.

[6] 符泰光. 琼崖革命斗争的历史地位和作用 [J]. 琼州大学学报，1999（2）.

[7] 程昭星. 周恩来与琼崖革命斗争 [J]. 海南大学学报，1998，16（4）.

[8] 赵康太. 琼崖革命研究六十年：回顾，反思与展望 [J]. 海南大学学报，2011.

[9] 王朝赞，符世贤. 马克思主义在海南的早期传播 [J]. 海南大学学报（社会科学版），1985（1）.

[10] 罗旭南，杜芃诺. 论琼崖革命根据地反贪污犯罪的立法及其成就 [J]. 新东方，2016（2）.

[11] 江小华. 论琼崖革命根据地在土地改革中的创举 [J]. 党史文苑，2013（8）.

[12] 陈诚. 浅析五四运动对海南近代社会产生的重大影响 [J]. 琼州学院学报，2007（6）.

[13] 梁小娟. 邓本殷统治时期广东南路和海南岛的社会略况 [J]. 湖北社会科学，2009（8）.

[14] 吴国华. 关于《琼崖纵队史》几个问题的考证 [J]. 海南大学学报（社

会科学版），1990（3）．

[15] 邢诒孔．毛泽东与琼崖革命［J］．今日海南，2014（1）．

[16] 韦经照．三次"左"倾错误对琼崖武装斗争的影响［J］．海南师范学院学报，1991（3）．

[17] 张晓辉．省港大罢工与海南革命斗争［J］．红广角，2014（4）．

[18] 宁玉兰，张晓群．民初琼崖现代知识分子群体崛起的历史机缘［J］．新东方，2015（5）．

[19] 姚敦泽．大革命时期马克思主义在广西的传播研究［J］．传承，2016（10）．

[20] 李德芳，杨娜．对加强地方特色革命传统教育的思考［J］．社会主义研究，2007（3）．

[21] 王默忠．琼崖群众革命探源［J］．海南师范大学学报（社会科学版），2011（5）．

[22] 王明前．琼崖革命根据地的苏维埃和土地革命［J］．新东方，2013（1）．

[23] 邢谷宜．琼崖早期革命报刊［J］．海南大学学报（社会科学版），1986（2）．

[24] 赵康太．自然地理环境与中国革命道路的战略选择——兼论琼崖革命斗争"23年红旗不倒"［J］．海南大学学报（人文社会科学版），2000（4）．

[25] 耿春亮．《晨报副刊》与马克思主义在中国的传播（1918—1926）［D］．北京：清华大学，2015．

[26] 鲁法芹．《东方杂志》与社会主义思潮在中国的传播［D］．济南：山东大学，2011．

[27] 邱少明．民国马克思主义经典著作翻译史（1912—1949）［D］．南京：南京航空航天大学，2011．

[28] 刘昊．革命的地方性：中共领导的土地革命研究（1927—1934）［D］．上海：上海大学，2010．